U0701901

孩子不仅给我们带来了快乐，
更重要的是他们把我们重新引入真、善、美的世界

立 品 图 书·自觉·觉他
*www.tobebooks.net*
出 品

华德福三部曲

02

把华德福带回家

华德福的家庭教育

黄晓星 著

▲ 海天出版社（中国·深圳）

图书在版编目（CIP）数据

把华德福带回家：华德福的家庭教育 / 黄晓星著
. —— 深圳 : 海天出版社, 2017.5
（华德福教育系列）
ISBN 978-7-5507-1954-5

Ⅰ.①把… Ⅱ.①黄… Ⅲ.①儿童教育—家庭教育
Ⅳ.①G781

中国版本图书馆CIP数据核字(2017)第075677号

## 把华德福带回家： 华德福的家庭教育
BA HUADEFU DAIHUIJIA: HUADEFU DE JIATINGJIAOYU

出 品 人　聂雄前
责任编辑　陈　军
特约编辑　钱　健
责任技编　梁立新
封面绘图　任卓鹏
封面设计　尚上文化

出版发行　海天出版社
地　　址　深圳市彩田南路海天综合大厦（518033）
网　　址　www.htph.com.cn
订购电话　0755-83460239（批发）0755-83460397（邮购）
排版设计　九章文化　Tel：010-82116993
印　　刷　三河市华晨印务有限公司
开　　本　889mm×1194mm　1/32
印　　张　7
字　　数　137千
版　　次　2017年5月第1版
印　　次　2017年5月第1次
定　　价　39.80元

海天版图书版权所有，侵权必究。
海天版图书凡有印装质量问题，请随时向承印厂调换。

# 目 录
CONTENTS

# 序言：孩子选择了父母

曾经读过英国诗人威廉·华兹华斯的诗《我心雀跃》，有这样一句"孩子是成人之父"，一直都不能理解其中的含意，直到我的儿子在英国出生时，我才逐渐理解到诗人的智慧。

那是 1996 年的事，我在英国爱默生学院学习华德福教育，最重要的课程不是在学校，而是在家里。我的学费和住宿费都是靠奖学金，生活费靠的是我每星期三个晚上和周末两天的工作，但生活还是比较安逸的。太太在严密的保护下还是意外怀孕了，从此，本来平静的英国乡村生活被打破。这孩子来得真不是时候，我们觉得实在没有能力迎接这位不速之客，做梦也不敢在这个时候要第二个孩子，因为我们刚到英国，正在读书，没收入，女儿才八个月大。我和太太商量着如何解决这个问题时，什么方法都想过，就是没想到迎接这个小生命加入我们的家庭。在我们的头脑里只有一个念头，那就是人工流产。虽然英国不是一个天主教国家，也没有法律上的麻烦，但这也是不受欢迎的事，主要是我们内心的不安。

迷茫中，我还是打电话给医院预约了手术的时间。对方说，如果顺利的话，手术费一般在一千三百英镑左右。我一听，连讲话的力气也没有了，整个家当合起来都没这个数字的五分之一，但又不好意思向周围的人求救。在无可奈何的情况下，我决定向一位关系不那么密切的艺术老师迩斯里借钱。他满口答应借钱给我，但是他觉得奇怪，我为什么会借钱。我不得不告诉他借钱的用途。但是，因为那天很忙，我未能跟他好好地解释。

第二天一大早，他就找到我，问道：

"为什么你们不能欢迎这个孩子的到来？"

"我们现在只能顾得上我们的生存问题，而且我们的女儿还不够一岁，我的太太也没有精力同时带两个那么小的孩子。"

"但是，孩子会带来他需要的东西的。"

"可是我们不能给予他这么多的时间和精力！"

"为什么不能？我也有三个孩子，我相信你也行。"

"但这是个非常困难的选择。"

**"你要明白不是你们选择孩子，而是孩子选择了你们。孩子不是你们的孩子，孩子仅仅是借助于你们而来到这个世界，孩子有他自己的计划和安排。"**

他接着说："孩子选择让你们在英国的时候生他，肯定有他的意图。这个不速之客是来给你上一节人智学的课，让你明白其中的奥秘，你不觉得很巧妙吗？"

"我面对的问题太多了，有时候，也没有什么特别的想法，只是逃避或者接受，也许他只想在好一点的环境出生吧！"

"你会让他来吗？"

"我……"

这时，该上课了，我已无法回答，也没时间回答他的问题。

在课堂中，我耳边不断地回响着迩斯里的话。一方面，我在学习华德福教育，尊重生命和人性的自我导向，尊重儿童生命的自我生成；另一方面，我又在做一项事关人命的决策。他确实给我出了一道非常困难的，而且只有两个相反答案的选择题。

下课之后，迩斯里对我说，昨天晚上，他也跟他的太太科斯婷说过这件事。科斯婷希望我们在做手术前去他们的家里坐一会儿，叫我定个时间。我们和医院定的时间是下个星期一，所以我们就定在星期天下午去他家。

回家之后，我把和迩斯里老师的谈话跟太太说了。她对迩斯里的这番话颇有感触，母亲的天性也许让她更能听到生命的呼唤，有时当胎儿知道自己的生命受到威胁了，就会发出求救信号，因为脆弱的小生命只能通过他的精神个体来呼唤，首先接到信号的是妈妈。跟他心有灵犀的人就是他在人间的天使，如迩斯里，听到他的呼唤之后，就千方百计想救他和去帮助他找到方向。

生命的存在是非常奇妙的，无论这个生命以什么形式存在，哪怕一天、一个星期、几个月还是出生后几个小时的成长，都是生命存在的事实。尽管他的身体还非常弱小，他的精神的存在却非常强大。小生命出生之后，他还会用他的方法来告诉周围的人他需要什么：他躺在摇篮里，那种无助的样子，让人不舍得离开他；他不高兴就使劲儿哭，让人清楚他需要关照和拥抱；他吃饱睡足之后可以对着任何人微笑，接到一个又一个的热吻。天下所有的父母都可以享受这种无穷的乐趣，但自负和无知的父母认为是他们在给孩子无私的爱，而事实上，是孩子给父母带来这份爱。

星期天下午，我们来到了迩斯里和科斯婷的家。一进门，就看到大大的客厅里摆满了绿色的植物，错落有致地布置着东方和西方的艺术品，一个很大的古典日本柜子隔开客厅和餐厅，那柜子据说是他们的传家宝之一。客厅里有个最能代表英国房子特色的烤火炉，擅长讲故事的迩斯里一定在这里给他的孩子讲了无数个故事，他们的孩子一定在这里进入过无数个童话世界和自己的梦想。透过客厅的落地玻璃，看得到外面的社区公园，他们的孩子在大树底下荡秋千，并向我们招手。

迩斯里是个非常敏感的英国绅士，他是一个著名的表演艺术家，他在爱默生学院教讲故事、英国文学和话剧等。我曾看过他一个人表演狄更斯的《圣诞颂歌》，他可以随便用不同的声音和方言讲话，听起来完全像一个不同的人，在他丰富的语言中，夹杂着颂歌特有的英式幽默，给人如沐春风的感觉，他的表演让全场的观众都如痴如醉。有位观众对我说，每年的圣诞节前夕他都要观看迩斯里表演的《圣诞颂歌》，一次比一次好，那已是她第八次来看他的表演了。

科斯婷的父母是美籍德裔人，但科斯婷却在日本长大，直到十四岁才回美国。她的日语讲得非常流利和地道，她的行为举止继承了很多日本传统，她说她身上有一半日本灵魂。所以，她每年都把学校的日本学生请到家里聚会，一起讲日语，吃日本菜和唱日本歌，来呼唤她的日本灵魂。

科斯婷曾在美国学习过音语舞和表演艺术，她和迩斯里在爱默生学院读书时认识并结婚，之后，他们在美国和澳大利亚教学。几年前，他们回到英国爱默生学院教学。科斯婷在家带孩子，偶尔兼一两节课和演出，直到她最小的女儿上小学，她才回到爱默生学院教课。但只教了两个月的线画课，她就发现自己又怀孕了，她只好回家保胎。但不幸的是在预产期前几天，胎儿猝死腹中。他们曾经满腔热情地准备着迎接这个小生命的到来，结果孩子在半路中改变了主意。科斯婷由此悲痛不已，情绪极度低落，对她自己和这个孩子的命运百思不解。当听到关于我们的事之后，她突然有种雨过天晴的感觉，因为这两件事几乎发生在同一时间，于是她认为这个生命跑到我们家去了，以至迩斯里能够听到这个生命的呼唤。

科斯婷听到我们来了，跑下楼抱着我太太说："哦，亲爱的，让我来听听这个小宝贝。"她把耳朵贴在我太太的腹部，脸上露出兴奋而稚气的笑容，迩斯里微笑着看着她，科斯婷也问我们同样的一个问题：

"为什么不能迎接这个小生命的到来？"

我们把所有打好腹稿的理由都一一列出来，包括一个还不足以成为理由的理由，我说："我以后打算到美国去攻读博士，太太也准备去美国春之谷日桥学院学华德福教育，如果我们有了两个孩子，我们的愿望就不可能实现了。"

她表示可以理解，但是她接着说：

"如果你们愿意，把这个孩子生下来给我们养，好吗？"

我们对这突如其来的问题不知道如何回答。

她又说："如果你们这样做也有困难的话，我们可以帮助你们。"

"对！我们可以给你们提供任何方式的帮助，包括给你们生活费，或把孩子接过来生活，或你们都搬来我们家住。"迩斯里重复了科斯婷所说的。

"如果我们去美国呢？"

"你们也可以把孩子带走，我们将尽力给你们生活费，虽然我们也不是很富有。但你们也可以让孩子留在我们家。如果你们觉得一个孩子孤独，甚至可以把两个孩子都留下。这样合理一些，孩子不但选择了你，还选择了他的姐姐。"

"你们行吗？你们能带多久？"

我问他们。

"我们有三个孩子，当然行，而且他们会帮助我们，直到你们有能力抚养他们，什么时候有能力随时都可以来带走他们。"科斯婷坚定地说。

看来他们已经不给我们选择的余地了。

突然，我又有一个我们以前未曾想到的理由。

"但是如何解决孩子的身份问题，我们不知道中国大使馆是否能给他护照。"

"这个好解决，我们可以通过收养的方式合法地给孩子取得英国身份，明天我就打电话给我的律师。"迩斯里的手紧握着科斯婷的手，表示坚决站在同一阵线上。

我们好像是做错事的孩子那样不知所措，这时，太太已流泪了，我却无所适从，哑口无言，并陷入了沉思之中。迩斯里和科斯婷意识到不该给我们这么大的压力，所以他们拥抱我们以示关怀，让时间来解释一切。我们也没有留下一个明确的答案，但是，大家都可以意会到结果。

巧得很，我在中国认识的朋友本杰明老师和他的太太唐，也是迩斯里和科斯婷的好朋友，他们从迩斯里和科斯婷那里知道我们的消息后，专程从苏格兰赶来看我们，并表示在孩子出生的时候一定会来照顾我们。本杰明说了一句话让我越嚼越有味道，以至于要花几个星期的时间去消化的一句话。他问：

"你真的会让迩斯里和科斯婷带你的孩子吗？你要知道，孩子会带来爱，并且会呼唤出人性内在的爱，你失去了给予他爱的机会之后，就很难弥补了。从此你不但失去了孩子的爱，也可能失去爱孩子的机会，甚至失去孩子。"

"我们没有决定这样做，只是在无可奈何的情况下才做这个选择。我们现在需要的不是物质的东西，而是他们给予的信心和精神力量。"

在我们决定欢迎这个孩子的到来之后，生活不仅依然像以前那样，而且还得到了比以前更多的关照，这个福分就是孩子带来的。科斯婷好像要兑现她的承诺似的，她经常来问候我们，并不断地问我们需要什么帮助。我们的回答总是让她失望，结果她便创造了我们的需要。

有一次，她说很想买一些中国食品，问我是否知道周围哪里有中国超市，可不可以带她去。在伦敦郊外有一家很大的中国超市，离我们这里大约需要四十分钟车程，由于汽油贵我们都很少去。既然科斯婷想去，她开车，太太就带她去了。

去了超市后，科斯婷便趁着太太买我们喜欢吃的中国食品时，悄悄记下来我们所喜欢吃的东西。从此以后，她便经常带点中国食品来我们家，说这是她自己去那个超市瞎买的，但又不知道怎么做来吃，请我们帮她用掉以免浪费。不过，我发现她买的都是我们喜欢吃的如豆腐干、香菇、金针菇和竹笋等中国特产，而且她总会瞎买相同的东西。我突然明白过来了，我们已经掉进了她的"圈套"。

还有一次，科斯婷说伦敦有一个很好的演奏会，别人给她票，由于迩斯里没时间陪她去，于是，她叫我们两人去，她帮我们照顾孩子。那天，她背着我的女儿去散步，不知道她小产的朋友以为她背的是她自己刚生的孩子，但想不到孩子会长得那么快。走近一看，原来是个中国娃娃。

"怎么？孩子怎么像个中国人？"朋友吃惊地问。

"当然像中国人，因为孩子的爸爸是个中国人。"

"真的吗？你和你的丈夫迩斯里分手了吗？"

"没有啊！"

"科斯婷，我搞不懂你在干什么了。"

"孩子的妈妈也是中国人呀！我是在帮他们照顾孩子。"

"哦！哈！哈！哈！"

5 月 20 日的早上，我们的第二个孩子在家里出生了，科斯婷自然地做了我们孩子的干妈。在孩子出生之前，我们的朋友本杰明和唐已经在我们家住了三天，那天一大早，本（本杰明的简称）就去购物，唐在花园里摘了很多花回来，并照顾着我们的大女儿时语。唐是个有着十几年教学经验的幼儿园老师，她知道如何让时语暂时忘掉妈妈。她还点上几根红蜡烛，轻轻地演奏着六弦琴，用轻柔的音乐来欢迎这个小生命的到来。房间里充满了神圣而温馨的气氛。助产士一边细声地和太太聊着，一边有节奏地按摩着她的背部以减轻她的阵痛。孩子的到来就如天使的降临，十分钟内，消息便传遍了校园的每一个角落。有人在公告板上写了大大的"**生日快乐**"几个字，而且还是用中英文写的。学校里一片喜气洋洋的样子。我们家的楼梯差一点被看孩子的人踏翻，为了让劳累的妈妈和新来的小宝贝好好休息，唐不得不在门口贴了一张"**谢绝参观**"的条子，感谢诸位的好心好意，请他们过一段时间再来。不过我还是听到了川流不息的脚步声，每过几个小时，唐就会从门外抱一大堆鲜花和贺卡进来，这就是生命的奇迹，它来源于对生命的爱。

第一部分

# 孩子需要哪些教育

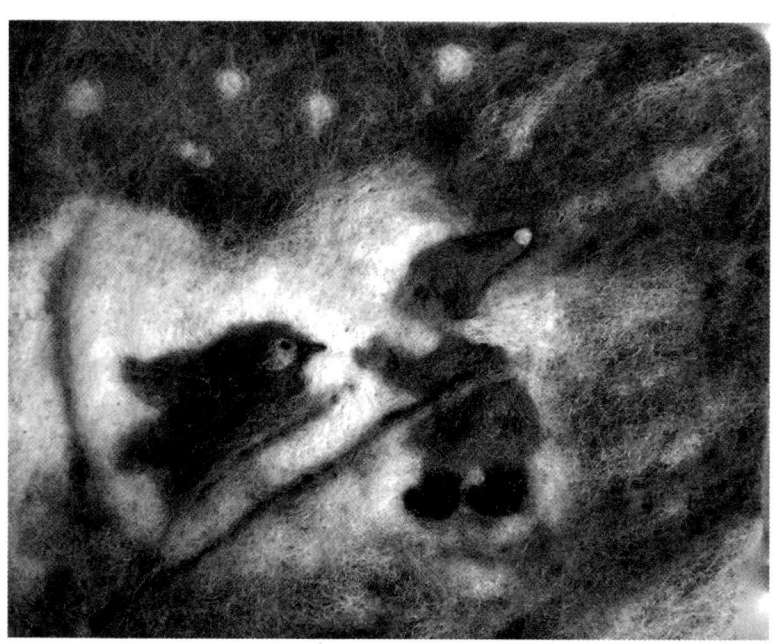

# 1. 家庭给孩子把握了生活的方向

　　每当给年轻家长提起家庭教育的时候，很多家长首先想到的是如何给孩子找到好的学校和给孩子请家庭老师，或陪伴孩子参加各种补习班。孩子考试成绩好或出人头地的时候，除了感谢学校的培养以外，也感谢了家长呕心沥血的培养。其实，当孩子在公众面前表现粗鲁或过分的时候，人们首先质疑的是孩子是否有家教，而没有太关心这孩子来自哪所学校。孩子在成长过程中，接受的教育来自三个方面，学校、家庭和社会。家长们常常把不同的教育混淆起来，有点像混淆家庭角色那样。很多人需要学习家庭系统排列课程，以便找到家庭矛盾的根源。我希望读者读完这本书之后，可以找到孩子教育问题的根源。

　　大约十年前，一位新的一年级老师高度紧张，才上课两个星期就病倒了。我给她代课一周，其实，我对一年级的孩子也没有太多经验，好不容易才坚持到老师恢复健康，重新上课。有的家长非常希望从我短短几天的代课的经验，给她们一些有用的信息，关心孩子学习表现的家长已经非常迫不及待了。于是，我简单地说说我的感受，其中最大的感受就是孩子还在从幼儿园过渡到小学的过程中，课堂秩序有点乱。言者无心，听者有意，不出两天，"某某老师的班级太混乱了！"的传闻很快就传遍了校园内外。我被迫参加了这个班级的家长会，结果家长们都认为是那个老师缺乏经验，所以她的班级很混乱。可是家长们忘记了，这才是开学第三周，这个班本质上是各个家长教育的孩子联合起来的班，而不是老师教育出来的班。这些孩子在家里生活了七年，在这个班里才三周。我想如果孩子在自己的家里都比较有规矩，比较听家长的指令，那么来到学校成为一年级学生，也会比较有规矩，而不会像现在那么混乱。孩子在家里必须学会有规矩，到学校之后才能更好地学习知识。当然学校也有不同于家里的规矩要学，家庭教育和学校教育是有差别的。家长不能把家庭教育问题推给学校，把家庭教育问题转化为学校教育的问题。

**什么是家庭教育？** 我在家长课堂里提问家长的时候，得到了以下回答：

- 给孩子营造家的氛围
- 父母价值观的传承
- 让孩子学会去爱

□ 形成好的生活习惯

□ 规范孩子的行为

□ 学会为人处事

□ 形成好的性格、人格和品德

□ 学会处理事情的方法

□ 做家务和持家

□ 学习和形成好的沟通模式

□ 形成好的饮食习惯

□ 学习关爱生命，关爱自己的健康

在以上家长的回答中，没有什么是与孩子学习知识有关的。当然，有些家长也会教孩子知识和其他基本的技能。学校除了传递知识和技能以外，还教孩子团队合作、学会与他人和平相处，这些是家庭教育很难办到的。如果孩子在家里能获得以上家长们提到的教育，那么他长大以后，才能把学校里学习到的知识和技能充分使用。因为，孩子如何使用自己已经掌握的知识和技能，取决于自己的价值取向。现在很多有技能、有知识和有文化的孩子，生活却失去了方向，焦虑、忧虑、抑郁等问题困扰着他们，从而无法发挥自己的技能和才智。**因此，家庭教育其实是孩子受教育最重要的一环，因为，家庭教育给孩子把握了生活的方向。**

## 2. 社区教育是孩子成长的土壤

　　孩子在成长过程中，接受的教育来自三个方面，学校、家庭和社会。1996 年，当时的美国第一夫人希拉里提出了一个概念：**把孩子的教育社区化，她要动员更多的人，让社区在孩子教育的问题上发挥更大的作用，目的是帮助所有的孩子健康、快乐地成长**。希拉里借鉴了非洲的一句古老谚语：**养育一个孩子需举全村之力**。随后，她以这一理念为根本，写出《举全村之力》这本书，畅谈如何对孩子进行早期的社区教育。这本书问世后，触及了美国教育的诸多深层次问题，因而引发了广泛关注。

　　**教育孩子单靠父母的家庭教育，行不行？** 希拉里用自己母亲的经历给出了否定的答案。首先，现代社会生活里，父母自身可能会面临家庭裂痕的困扰。希拉里的外祖母在十五岁时，生下了希拉里的母亲。她和她孩子的父亲无力抚养孩子，只好分手。而那位父亲也并不称职，在孩子八岁时就将其寄养在她的祖父母家中。祖父母并不喜欢这个孩子，好在家中的一位姑母（一位好心的老师）还有一位善良的雇主在孩子最困难的时候伸出了援手。

在希拉里看来，随着科技的发达，网络、手机、飞行等方式将世界变得狭小，却让孩子的视野无限扩大。接踵而来的信息中，包含了毒品、性这样的困扰，包含了大量电视节目产生的消极因素，还有那些足以让孩子去尝试极端叛逆的种种问题。面对爆炸式的信息入侵，父母们常常防不胜防。

交通问题成堆，也让孩子们失去了一个安全玩耍的地方。她提出是否需要一项法令确保孩子们找回属于孩子的乐园。当父母为工作无暇顾及孩子时，希望社区可以提供托儿所服务或相互帮助，在受够了社区暴力和毒品泛滥时，社区居民能自发组成巡逻小组，以防止坏人来侵害自己的孩子。在希拉里观察早期教育的很长时间里，她接触到了大量社会实例。这些实例使她明白：**孩子不仅仅是属于一个家庭，当他（她）走出家门时，就是社会中的一员，需要社会的安全与公共意识来保护。**

比起希拉里提倡的社区互助和保护孩子的安全，华德福教育社区除了给有需求的家庭帮助和保护孩子的安全以外，还分享一个共同的教育理念，即来自社区的教育，使得孩子的教育更加饱满，同时，这些父母也从中获得新的教育。

从某种意义上讲，家长是全球各地华德福学校的创办人。正是家长们把信任和金钱投给老师，而后者则为他们的孩子提供华德福教育。华德福学校运动的发起、展开和成功取决于家长和老师的合作，很多新家长也同样受到这种教育理念的召唤来到华德福社区。他们不仅把自己的孩子带到学校，还把他们的资金、知识和见解带到学校的发展中。家长的一项重要作用是构成了学校机体外的一层保护膜。学校通过家长的支持，把学校置于社区文化中心地位，为社区带来丰富的精神食粮。

在每一个华德福社区里，都有各种各样的这方面例子。不论在大的方面还是小的方面，家长们都是学校成长的动力，他们在法律、政治、社会和经济等领域提供帮助，让华德福学校得以扎根。有些家长出任家长委员会成员，有些家长则在外围作出独特的贡献。

创建于2004年的成都华德福学校就是一个典型的案例。在教师会、董事会和家长委员会之间建立了真正的伙伴关系。老师会鼓励家长在学校需要支持的方面志愿贡献出时间、能量和支持，以解决学校发展中的实际问题。很多家长生活在华德福社区里，越来越感受到了什么叫生活在精神世界里。家长们越来越意识到，孩子在看着他们，在精神世界里，同事和老师在看着他们，还有许多其他的人看着他们，从而家长们能够以新的眼光看自己，开始像别人那样了解自己，面对自己的缺点和不足，努力成长。这种自我认知，能有效地与学生和同事合作。如果没有这种严肃的自我认知，那就说明还没认识到：只有当我们承载着别人，同时又被别人承载的时候，华德福社区才能存在；孩子在这样的社区里成长，才能丰满。华德福学校运动的这个关键时代是个共享的时代。作为家长、老师和董事会成员，大家都要分享：内在生命如何才能支持华德福的社区健康发展。鲁道夫·斯坦纳有一首诗，说的是如何培养健康的社会生活：

当群体的全貌

在个体的灵魂中映射出来，

同时，

个体的美德

在群体中鲜活起来，

健康的社群生活就会建立

作为华德福家长和老师，如果把这首诗放在自己的冥想活动中，学会与他人合作，成为华德福社区里的一员，那么健康的华德福社区就能活现出来。在快节奏的现代生活当中，如果能够理解华德福教育是一种文化活动，那就会为新的社会关系注入新的酵母，强化华德福社区建设，创造温暖和欣赏的氛围，这也将会支持社区里每个人的个性发展。可以让魂与魂之间交织，形成新的理解和认同的力量，实现社区给孩子带来教育的强大功能。

# 3. 成都华德福学校的社区生活

**华德福教育的魅力之一就是家校合作。**正如华德福教育的创始人鲁道夫·斯坦纳所言：**"当群体的全貌在个体的灵魂中映射出来，同时，个体的美德在群体中鲜活起来，健康的社群生活就会建立。"**华德福教育把学校教育置于更大的社群背景中，注重构建社群与学校的良性互动。

## 家委会全方位参与校园生活

前几天，我收到家委会主席给我的一个工作视频，看到家委会成员领着数个家庭，半夜一两点钟在机场等待台湾华德福社群业余组成的台湾旅行者合唱团、安顿合唱团老老少少二三十人在寄宿家庭生活、演出、离开、送别等画面，妻子边看边抹眼泪，我的眼睛也有几分湿润。

尽管我没有妻子那么激动，尽管十二年来我经历过很多类似的事情，深知家委会工作的辛苦，但我仍然被社群间的真诚分享、家委会的无私投入和有序组织所感染。

　　到过成都华德福学校的朋友，无不为放学后操场上不时呈现的家长活动所感染。奔跑传球的爸爸妈妈们，进球的孩童与成人的欢呼，稚嫩的加油声，像模像样的裁判，自制的五花八门助威小旗子，天上的飞鸟，池塘中自由自在的鸭子，构成一幅生动的课外校园生活画面。

　　华德福家校合作的内容很丰富，涉及组织交流活动、组织节庆活动、提供课堂资源、支持学校建设、参与学校管理等方面。比如接待世界华德福团队的来访，安排十多个澳洲交换生和老师在寄宿家庭的吃、住、行；安排优律司美（音语舞，一种肢体表现音乐与言语的舞蹈艺术）访问表演和德国华德福交响乐团的行程；组织端午、冬至等大的传统节令庆典以及家庭趣味篮球比赛；提供游泳、器乐排练的教师和场地；还参与学校场地改建的评估议价、理事会人员的遴选、学校建设的资金募集……

　　家长们在参与中贡献着热情和智慧，共同建立美好而充实的社群生活。家长合唱队和声一响起，总会使大家激动。而每一个校园建设问题的解决，也会使老师们感到真切的支持。

我们一般不会表彰优秀学生，但却会褒奖家长。最近几年，我们都有**"年度家长"**的颁奖，由家委会出面，奖励一名对家委会和学校工作有卓越贡献的家长。家长们、老师们对获奖者心服口服，大家都知道这背后是无数无怨无悔的义务付出。

从空间上来说，我们学校约七成家长是当代"孟母"，他们把家搬到离学校直线距离不超过五公里的地方，直接带动房租价格暴涨。家长们开生活馆、茶馆、餐馆、按摩治疗室、书画工作室等，提供太极、英语、驾驶、托管、家务整理等服务。每两个月有集市，学校和社区乐在其中。

基于信任和开放的深度参与不是我们学校的个例，几乎世界上所有的华德福家校互动方式都是这样，只是程度不同而已。华德福学校的家长之所以愿意参与到学校建设中来，并真正与学校同呼吸、共命运，有三个主要原因：

首先是学校的性质。华德福学校是真正的非营利性质的组织，类似 NGO 或 NPO，没有投资分红，是名副其实的大家的学校，而不是某人或某个集团的学校。为了建设一个实践理想的共同体，老师和家长价值观是一致的，目标属性和经济利益是清晰的。

刚开始，在怀疑主义盛行的现今，家长难免怀疑学校说一套做一套，而且这种怀疑起起伏伏、时隐时现，直到家长深度参与进来，事情真正清晰明白，学校的非营利属性得到保证时，家长才转变成坚定的支持者。这个过程中，学校和家长的相互信任和开放是核心。

其次是学校的架构和运转方式。华德福学校的存在和发展有三根支柱：教育教学、经济与硬件、学校管理。教育教学主要由老师来完成；经济与硬件除了国家出钱办学（北欧）或国家购买服务（北美）外，大多数是靠学费收入与捐赠；而学校管理则由老师与家长共同参与承担，比如通过学校董事会承担起法律或对外关系的责任。

两年前，我们学校成立了理事会，九个理事中有四个是家长。他们绝不是"聋子的耳朵"——摆设，而是真正参与到学校经济、政策与硬件的发展中，切切实实地履行他们的义务、责任和行使权利，每个人都有实实在在的工作和责任。以前，筹资、建设等工作更多是老师主导，理事会架构的设立和运用，把老师们从教学和发展两线作战中解放了出来。

最后是家长参与的多层次。理事会是全局层面的深度参与，家委会主导家长工作，各班家委会负责本班事务的上传下达，小学、幼儿园有各自的家校沟通会和家长培训。家长每学期至少可以参加一次听课开放日，通过各种家长会、主题会以及与班级老师的沟通等渠道，知晓和反馈各种信息。

家长如此全方位参与，会不会使责任、权利、义务陷于混乱之中？**"命运相连、亲密有间"**，是我对家校关系的描述。"命运相连"是指孩子带来社群和教育，教师、家长都是参与者；"亲密有间"是指各自界限与责任毕竟不同，教育教学这个核心由老师主导，管理是家长、学校共同承担，学校具体日常运作由老师负责。

刚开始办学的时候，家长参与热情很高，连教育教学也试图插手，结果是老师找不到中心，家长看到自己的主张得不到实施，心里也很受伤。通过十二年的实践，我们才慢慢总结出学校主导、目标确定、责任清晰、正向沟通、及时回顾等合作要点。

确认学校的主导性是家校合作的关键。办学伊始，家校关系很纠结。华德福学校倡导社群参与，但参与不是均权。教师要当仁不让地承担起教育教学的使命，这是学校存在的根本。学校的主导性得到确立，教育教学的中心目标也确立下来，家长和学校都明确了自己的工作方向，大到学校治理结构中的目标，小到每次活动谁是主体承载者，很多问题就不再是问题了。

从某种意义上说，家校合作中"做什么"不那么重要，"做的态度"很重要。正向的沟通，一方面使信息和需求顺畅流通，事情得以顺利推动；另一方面，通过做事唤起大家的真善美，多一些相互间的理解，继而共同努力去解决问题。比如经济责任，责任权利说清楚了，大家各司其职，既轻松，又愉快。

**"每次看到我身边的石头，有生命的花，有情感的动物，或有思想的朋友时，我都知道他存在着特点和才能，为了这我就爱他。每当我发现需要做的事，如果我去做，它就能实现。"**

老师和家长们经常唱我们学校的这首校歌。我们唱着她，深深知道我们至少是走在自己选择的路上，**"惠而好我，携手同行"**（《诗经·北风》），我们深信孩子将从中受益。

**"每种色彩都应该盛开，别让阳光背后只剩下黑白"，"每个孩子都应该被宠爱，他们是我们的未来"。**

每当家长会结束时，全体老师和家长都会唱起这首歌，孩子将我们联系起来，"小康""大同"和健康社群的理想使我们走到一起，学校因社群而生，我们为未来而携手。

（原载《中国教育报》2016 年 7 月 31 日第 2 版）

## 4. 缺乏家庭教育的孩子会怎样

最近在成都做一个家庭教育工作坊，我让家长们各自回忆自己的童年，有哪些来自家庭的教育造成了成年后的创伤。我得到了以下答案：

- 家庭价值观混乱，不知道什么是对，什么是错
- 家中子女多，自己作为女孩子不受父母喜欢
- 父母都脾气暴躁，家庭气氛压抑，家暴阴影
- 被拿来比较，造成严重自卑感
- 父母说教太多，对正确的事情都会产生负面看法
- 父母管控过多，不能选择自己喜欢的学校和职业
- 父母给了太多自由，不知道如何做决策，做事随意性强
- 曾被寄养，缺乏安全感，更换多个看护人，不太容易信任他人

□ 从小被寄养在不同亲戚家，与家人有陌生感

□ 不被父母看见，被父母忽略

□ 生活在太多不同的地方，不善与人交往和沟通

□ 缺少父母的陪伴和悉心的关爱

□ 缺乏家庭温暖

□ 被包办太多，父母溺爱，自己的动手和生活能力差

□ 责备太多，对任何事情都没有信心

□ 界限不清楚，容易冒犯人

□ 父母比较虚伪，生活太假，缺乏意义感

不知道这些来自家长的真实生活体验里，读者能找到多少跟自己相同的体验。一个人的成长过程中，来自家庭的影响非常深远。有些问题成为恶性循环，传递到自己的孩子，由于时代的不同，社会价值观的影响，交集家庭遗传这些问题会产生一系列新的问题，严重的甚至会毁灭一个家庭。过去的家长没有现代人这种意识，他（她）们迫于生存压力和社会生活的惯性，无暇顾及家庭教育问题，有些家庭勉强有些基本的家教，有些家庭完全是处于自生自灭状态。新时代家长开始反思自己的教育，发现自己的父母不像现代家长那样去看教育类书籍和听教育类讲座，在成长过程中父母给自己带来的创伤，其实很多都是意外造成的。任何做父母的都不希望给自己的孩子造成难以愈合的创伤。因此，我们必须警惕，有意识地体察自己在日常生活中，无意识地给自

己的孩子带来了多少伤害。一个简单有效的办法就是每天晚上睡觉前，回顾一天所经过的事情中孩子的反应，并设想假如自己是孩子，自己的感受会如何。

# 5. 孩子需要什么样的家庭教育

祝福那些家庭教育好的朋友，他们在成长过程中，体验到来自家庭的恰当教育并终身受益，痛苦的家庭生活千姿百态，幸福的家庭生活大同小异。我在讲课中也让家长回顾过去，有哪些来自家庭的影响，使得自己终身受益，希望这里的回答会给那些不知道如何进行家庭教育的朋友一些启发吧！

▫ 父母的鼓励和关爱

▫ 父亲爱好阅读，使我也热爱读书

▫ 亲子关系好，家庭气氛浓

▫ 父母给我劳动的机会锻炼自己

▫ 父母关系融洽，我们的家庭关系也好

▫ 出门报平安，关心那些关心我的人

▫ 父母的生活能力强，我勇敢面对生活的挑战

▫ 父母善良，做好事，与人为善

▫ 母亲在家里任劳任怨，坚韧的精神影响到我

▫ 父亲对家庭的责任，脚踏实地

▫ 母亲对长辈的孝顺影响到我

▫ 父亲总是带好吃的回家，感受到爱，学会如何去爱

▫ 父亲鼓励自己动手，保持学习和研究精神

▫ 父亲总能满足孩子

▫ 母亲对孩子守时和守信

▫ 父母很包容，我学会原谅

如果说这只是他人的感受，我们无法也不懂如何给予我们的孩子，那么，再看看成人回顾小时候的期待吧！我在做家庭教育工作坊的时候，让家长们把小时候对父母的期待罗列如下：

▫ 希望可以得到父母更多的陪伴，有更多的时间一起玩

▫ 跟父母有亲密的朋友关系，情感上温暖平等地沟通

▫ 父母有清晰一致的教育目标

▫ 希望有和谐愉悦的家庭氛围

▫ 想与父亲的连接更多一些

▫ 希望跟父母之间有更多的亲密感

▫ 公平地要求家庭中每一个孩子

▫ 渴望在思想和情感上得到父母更多的关注

▫希望父母打骂少一些，沟通多一些

▫父母的关系和谐，更多的交流而不只是物质上的给予

▫在精神上多给予信心，建立自信心

▫给予更多的探索机会

▫给孩子更多的自主，让孩子学会为自己的决定负责

▫希望跟家人在一起时间多一些

▫不只关注知识的成绩，也关注孩子的艺术和运动

▫学会感恩父母的付出

▫希望父母真诚并做到言行一致

# 6. 为什么要家庭教育

　　所有的孩子天生就是纯真而美好的，从这个意义上说，**孩子来自天堂**。每一个孩子在出生时都是独一无二的。他们带着自己独特的命运来到这个世界上。一粒苹果种子自然会长成一棵苹果树，而不会长成梨树或者橘子树。作为父母，我们最重要的任务是识别、尊重并培养孩子自然而独特的成长过程。我们不需要把孩子塑造成我们心目中的样子。但我们有责任明智地支持孩子，帮助他们发展自己的天赋和优点。

　　孩子不需要我们纠正他们，但他们的成长需要我们的支持。我们提供肥沃的土壤，让优秀的种子发芽生长。他们有力量去做其余的事情。正如苹果种子内部已经有了生长和发展完美蓝图。同样，在每一个孩子正在发育的大脑、心灵和身体里，有着孩子的发展所需要的完美蓝图。我们不必去想该做什么使孩子更美好，而是必须认识到我们的孩子已经是美好的了。

作为父母，我们必须记住，大自然始终在为孩子的成长和发展担负着责任。无论你对孩子做了什么，你最终会发现你改变不了他们。父母应认识到，一切全在上帝的掌握之中。**"我尽了全力，剩下的就由上帝负责了"**——这个认识使父母完全信任自然的成长过程。这不仅使得整个过程对父母来说变得更容易，而且也有助于父母不妨碍孩子的成长。这个认识对每一对父母都很重要。如果你不相信上帝，那么你可以用"基因"来代替上帝的说法——**一切都是基因在控制**。

通过运用积极的养育技巧，父母能够学会支持孩子的自然生长过程并避免妨碍孩子的成长。如果不理解孩子是如何自然发展的，父母通常会经历不必要的挫折、失望、焦急以及内疚，会在不知不觉中妨碍或抑制孩子某些方面的发展。例如，如果父母不理解自己孩子独特的敏感性，不仅父母会对孩子失望，而且孩子也会从父母的失望中得到信息，从而觉得自己有问题。**"我有问题"**这种错误的想法会深深地印在孩子的脑子里，使得那些源于高度敏感的天赋的发展受到限制。

除了天生纯真和美好之外，每个孩子在来到这个世界上时，还带有自己特有的问题。作为父母，我们的作用是帮助孩子去面对他们特有的挑战。作为父母，我们能够帮助孩子，但我们无法消除他们特有的问题和挑战。明白了这一点，我们就可以少一点担心，不用整天想着如何改变他们，如何解决他们的问题。更多的信任对父母和孩子都有帮助。我们可以让孩子做他自己，并把精力集中用于帮助他们应对生活中的挑战。当父母用更放松、更信任的态度对待孩子时，孩子就会有更多的机会建立起对自己、对父母以及未知的将来的信任。

**每个孩子都有自己的命运。**接受这个事实可以使父母安心并放松，而不把孩子每一个问题的责任都揽到自己头上。所有的孩子都有麻烦、问题和考验，不接受这种事实，老想着弄明白我们做错了什么，或者孩子应该怎么做，这已经浪费了我们太多的时间和精力。父母的工作是帮助孩子面对并成功地处理这些问题。**父母要始终记住，孩子有自己要面对的挑战和自己的天赋，我们无法改变他们。然而，我们要确信可以给孩子提供机会，使他们在自己的能力之内做得最好。**

在困难的时候，当我们开始思考孩子有什么问题时，我们必须要想到孩子来自天堂。他们以其特有的方式存在着，在生活中面临着独特的挑战，从这个意义上来说他们是完美的。他们不仅需要我们的同情和帮助，也需要这些挑战。他们要克服的这些独特的障碍事实上对他们的充分发展是必需的。他们面对的问题将有助于他们找到自己所需要的支持，并帮助他们发展独特的个性。

对每一个孩子而言，健康的成长过程意味着在生活中总会面临富有挑战性的时刻。通过学习接纳父母和世界给他们设定的限制，孩子可以学会一些重要的生活技能，诸如原谅、延迟满足、接受、合作、创新、同情、勇敢、坚韧、自我纠正、自重、独立自主以及自我引导。例如：

▫ 除非有人原谅他们，否则孩子将无法学会原谅

▫ 如果孩子想要什么就能得到什么，他们就培养不出耐心或学会延迟满足

▫ 如果身边所有的人都是完美的，孩子就无法学会接受自己的不足

▫ 如果孩子事事如意，他们就学不会合作

▫ 如果所有的事情都有人替他们做好了，孩子就学不到创新精神

▫ 如果所有的事情都很容易，孩子就无法培养韧性和坚强

▫ 除非他们自己也感觉到了痛苦和失去，否则孩子将无法学会同情和尊重别人

▫ 除非他们面对过困境，否则孩子将无法学会勇敢和乐观

▫ 除非他们经历过困难、失败或者错误，否则孩子将无法学会自我纠正

▫ 除非他们克服障碍完成了某件事情，否则孩子将感觉不到自重或者自豪

▫ 除非他们遭到了排挤或者拒绝，否则孩子将无法培养独立自主的能力

▫ 除非他们有机会反抗权威，并且（或者）得不到自己想要的，否则孩子将无法做到自我引导

从很多方面来说，挑战和成长的痛苦不但是不可避免的，而且还是必需的。作为父母，我们的作用不是保护孩子免受生活的挑战，而是要帮助他们成功地战胜挑战，并帮助他们成长。如果你总是为孩子解决问题，他们就发现不了自己独特的能力和才华。

生活中的障碍可以以一种独特的方式增强孩子的力量，并激发他们最大的潜力。蝴蝶破茧而出的时候，要经历辛苦的挣扎。如果你为了省却蝴蝶的这番挣扎而割开茧，蝴蝶很快就会死去。这种挣扎是形成翅膀上的肌肉所必需的。没有这番挣扎，蝴蝶永远不会飞翔，而会死去。与此类似，为了在这个世界上茁壮成长、自由飞翔，孩子们需要一些特别的奋斗，以及一种特别的支持。为了战胜面临的独特挑战，每一个孩子都需要特别的爱和支持。没有这种支持，他们的问题会放大、扭曲，有时甚至会诱发精神疾病和犯罪。

作为父母，我们的任务是用特别的方式支持孩子，让孩子越来

越强大，越来越健康。如果我们干预了孩子的成长，使孩子的成长变得过于容易，那么我们就会削弱孩子的能力；但如果我们使孩子的成长过程过于艰难并且不提供足够的帮助，也就剥夺了他们成长所需的东西，孩子无法独自做到这一切。父母不提供适当的帮助，孩子无法长大成人，孩子会用特别的方式来教育我们如何帮助他们成长。因此，你有必要研究并了解你的老师，也就是你的孩子。

# 7. 认识你的孩子

每一个孩子诞生时不仅从父母那里获得了身体，还带来了他与生俱有的心灵和精神的本质，同时也把他独一无二的智慧与能力带到这个世界，献给地球及地球上的每一个人。当这个生命的精神灵魂进入了这个以地球生物基因组成的肉体，也就是父母给他们创建的那个他们还完全不熟悉的身体时，这个身体从外形看来是完整的，但实际上仍处于未完成的状态：各个单一的内在器官还未能做出精确的运动，仍有着混乱的、不自主的动作；神经系统、感官系统内也有着极大的发展空间。婴儿出生之后到接下来的六七年中，他的任务就是充分发展身体，让各个器官系统的功能完成细微的区分，成为一个可使用的"工具"以支持未来生命的成长。也就是说，希望幼儿可以借由这个健康的身体，毫无受阻地向外发展心灵与精神的独特性。

父母不仅仅要照顾这个婴儿的肉体，更需要认识和了解这个生命灵魂，以及他带来的使命，以便帮助他将这个身体再造为适应他的灵魂所使用的工具，进而去完成他的使命，这个使命就是生命之花与生命之果。我们知道一些植物每年都会开花结果，而人的生命却只有一次，人的生命之花将是如何？生命又会结什么果呢？正如植物的花早已存在于叶子的生长阶段中那样，人的生命之花与生命之果也早已存在于人的胚胎中。如果能透过表面深入地研究人的天性本质和人的真正存在，也许能解读一个人的未来，正如黎巴嫩诗人纪伯伦的诗所写的那样。

## 论孩子

卡利尔·纪伯伦

你的孩子，不是你的孩子

他们是生命的子女，并渴求生命

他们是通过你而降生，而不是从你那里来

与你一起生活，但他们并不属于你

你可以给予他们爱，但不是给予你的思想

因为他们拥有自己的思想

你可以给予他们肉体的寓所，却给不了灵魂的家

因为他们的灵魂是属于未来

你无法探访，甚至无法梦想

力求像他们那样，别试图让他们像你这样

因为生命是没有退路，更不是与过去同步

他如箭般往前射出去

给你的孩子当一把弓吧！

生命的射手

看到了通往无尽未来的道路

他强而有力弯曲这你这把弓

以便能使那箭飞得又快又远

乐意地被弯曲在他的手中吧！

因为他既爱那飞翔的箭

也爱那稳定坚韧的弓。

如这首诗描写的，**"你可以给予他们肉体的寓所，却给不了灵魂的家"**，每一个人不仅仅拥有灵魂和肉体，在精神方面也都有独特的历程，他们都有自己的思考、内心世界和灵魂，那是一个其他任何人做梦都探访不到的地方。因此，我们不仅要认识孩子身体的变化，更重要的是精神发展过程，而人的精神发展过程建立在对宇宙世界的认识基础上。

鲁道夫·斯坦纳认为人的整体由躯体、心灵和精神组成，人是一个微观宇宙，物质世界是个宏观宇宙，而这两个世界又是有机地联系着，人的躯体与矿物界相关联，人的生命体与动植物界类同，任何有生命的物质都有生命体。但是，人类所特有的，而地球上任何其他生物都没有的，就是人的精神个体。人的精神个体的发展和变化体现在物质世界的意象之中。

人类是生物演化过程的最终产物，是一种高度发展的动物，这一观点已经被广泛接受。而人本身也具有矿物界、植物界和动物界的特征，跟自然界息息相关：人类拥有整个世界万物的一切，自然世界的规律在人类的身上都能体现出来；骨骼和直立的姿势使得人类同地心引力的关系非常特殊，如果没有持续不断的努力，人肯定会摔倒在地；人类身体器官的新陈代谢、生长、呼吸和再生与植物世界密切相关；人类的感觉世界和动物王国的共同之处在于神经、感觉组织、本能、能动性和移动性等，人类的发展变化无时不体现出自然界的奥秘；人的成长和人类演化那样，在不同的成长阶段现出了世界万物中的不同特征。

婴儿成长都会经过植物般的、鱼类般的、四足动物般的和人类的生活阶段，都相应地体现出植物、鱼类、四足动物和人类的特征。

婴儿在出生后的前六周当中呈现出了植物一般的生活阶段，举起的手臂也是像植物的叶子那样，新生儿需要生活在这种植物般的"沉睡"状态中，就像生活在古生代初期。如果不给儿童植物般的生活体验，对将来一定会产生不良影响。

当婴儿三个月大时，他俯卧时会试着把头仰起来，不能保持这种姿势时，便会高举他的头，一会儿又重新恢复水平。同时，他的脚并没有伸展，而是弯曲着，看起来像是一条鱼的尾巴，手臂则像鱼鳍，这就是婴儿经过的类似鱼类的成长过程。地质学上的说法是，古生代后期，即志留纪。婴儿到八个月大之后，能用四肢挺立起来，像四足动物那样需要自由和空间爬行，这就到了四脚兽类动物时期，也即侏罗纪。此时，婴儿的身体能发展出真正的自由感，婴儿若能体验到这种自由感，未来就能拥有内在的精神自由感，成年之后，就有机会不受拘束自由地发展生命力。在这个阶段里，婴儿若被限制在学步车中，受到的伤害将更胜以往，一个在爬行阶段该学习爬行的孩子，未能完成爬行的"功课"，在未来成长的某个阶段就会遭遇失落和挫折感。

十个半月大的婴儿基本完成了前面所述的阶段之后，在蹒跚学步中寻找机会去探索、研究和学习这个世界，人类的精神因此而激发出来。在这个阶段里，每一个婴儿都会成为一位寻求进入崭新领域的探险家，厨房的碗柜、衣柜、垃圾桶、盆栽、孔穴、父亲用的工具等等，世界上所有的东西都值得他去研究，父母亲们应该耐住性子，并给探险家提供机会。

婴儿在成长的第一个阶段，学会三个重要的生存能力：挺身坐起、走路和说话。而这些能力乃是经由模仿学到的，如果幼儿只和动物一起生活成长，他就不可能获得人类的基本能力，在历史上不乏这样的例子，狼孩的出现就证明了人性只能从人的身上学习获得，更证明了模仿的重要性。当幼儿学会爬行或走路时，就开始喜欢探索他身边的事物。此时，也是最容易发生危险的时期，小孩子都喜欢跟在妈妈的身后，妈妈做什么他也要做什么，厨房里的锅、瓢、匙、碗都可以让他玩得不亦乐乎；有时也想学妈妈洗衣服，学着大人的模样打扫；有时妈妈才整理好的东西，又被他搬上搬下。幼儿最大的快乐在于可以自由活动和操作真实的家庭生活用品，而成人工作的用意与目的，对孩子来说根本没有意义。许多成人经常抱怨，如果没有孩子帮倒忙，家务事也许能做得更快。其实可以换一个角度来想，如果妈妈在做家务的同时，也让孩子参与帮忙，那就是在生活中从事儿童教育。

幼儿除了喜欢四处探索和参与活动之外，也时常会聚精会神地注视着大人的一举一动，如坐在一旁看妈妈削苹果或做针线活。幼儿还喜欢自己坐在角落的玩具堆里全神贯注地工作着，如用东西装满他的小篓筐，再全部倒出来；用积木搭城堡，再推倒；或者轻哼着歌谣，摇他的小娃娃入睡等。

幼儿的玩耍就是他们的工作，大人必须重视幼儿的玩具，同时也要教育儿童爱惜自己的玩具。所有在大自然中可以看到的、找到的，或手工制造的简单的木偶、娃娃、小动物等玩具都是最适合幼儿的玩具。因为孩子们与这种自然物质做的玩具接触，会对自然的组织与形状产生深刻的印象，而这种印象能直接影响孩子内在器官的形成。鲁道夫·斯坦纳认为：**"由固定不变的数学公式制造成的玩具，会使孩子们的想象力与创造力枯萎而死亡。"**因此，孩子所接触的事物应该具备可变化性，以不完整或原始的形式呈现，这样才能让孩子的想象力有充分发挥的余地，而不是使孩子的想象力枯死。

当孩子到了两周岁到三岁之间的顽固期时，自我意识首次觉醒，表现在孩子开始说**"我""我的"**或**"我们"**，这时的孩子要度过人生中第一成长阶段真正的危险期。当他的自我意识越来越强时，帮助他们学习如何与周围的人和事物和谐共处是这阶段教育的内容之一。

三岁到五岁的儿童进入了第二个成长阶段。从出生到现阶段一直处在头部活动的生命力与想象力，现在开始在身体的中心部分起主要作用，尤其是血液循环系统和呼吸器官（心脏与肺）。这个阶段的孩子会展现两种新的能力，使他与生活周围的事物产生明显易见的新关系，那正是孩子的想象力和记忆力。三岁到五岁的孩子也正处于充满想象力与即兴游戏的阶段。孩子对于眼前的事物，通常只感觉到似曾相识，而想象力可以填充他的需要。当然，其先决条件是这些东西必须是孩子曾经熟悉的东西，如果一个小孩从未亲眼或在图画中看见过船，他不可能在游戏中捏造出一只船来。

此外，孩子在这个阶段的游戏变化无穷，游戏内容经常是模仿日常生活中的事物，有时甚至跟生活毫无关联，有时随机应变而来。总之，他会随时随地不断产生新的主意。有些成人会担心孩子不够专心致志，事实上，这个年龄所谓的专心是在于游戏行为本身的连续性，而不是在于游戏内容的连贯性，这也是这个年龄儿童游戏的特色。

这个年龄阶段孩子的游戏会显得毫无秩序和一片混乱，但是这种混乱现象非常有意义，因为这是孩子随时受外界的影响而做出的反应。所以，在孩子游戏之后，应给孩子足够的时间收拾整理玩具，并且自己以身作则带头进行整理工作，让收拾整理不成为一个命令式或压制式的负担，反而成为一种愉快的和自然的习惯。

大约五岁开始，孩子迈进了生命的第三个成长阶段。此时，器官形成的力量将渐渐自由地在血液循环与呼吸系统中活动，并且在新陈代谢与四肢部分发挥功能。这个阶段的孩子除了手脚爱好运动之外，手指尖的运动也开始灵活敏捷起来，五到七岁的孩子会想象图像和做有计划性的游戏了。

经历了一段危机时期之后，许多孩子，尤其是那些原来很具想象力与创造力的孩子，第一次体会到生活无聊的滋味，他可能会站在你的面前说："我不知道该玩什么了。"孩子的想象力需要休息一段时间，应该多让孩子参与大人的工作，如削苹果、擦碗盘、打扫、烤面包、缝纫等。也许过一阵子，或者过几天，这些孩子就会有新的冲动，有了新的主意之后又会有新的游戏。这个阶段的儿童游戏，不再是受外界事物直接影响而产生的了，而是来自孩子内在的心灵产物。换言之，孩子对于曾经体验过的事物拥有一个内在的画面，不必再依赖时间、空间或任何人的提醒，就能直接在游戏中体现出来。

这个年龄阶段的孩子需要能陪伴他一起成长的游戏素材，好的素材能够引发孩子做游戏的主意，五岁以上的孩子已经会先构想，再用心去寻找符合他想象中的素材并利用它，原先丰富的想象力发挥了新的功效。陪伴孩子游戏，不需要使用过多的语言，也不需要给予指导，让孩子们自由主动地发挥自己的想象力，在平和、喜悦的氛围中创造。可以在家庭中给孩子们布置一个允许他们自己创造的空间和适合模仿的环境。

每个孩子一般都会参与大人的工作，每个乐于做家务事的母亲和每个喜欢孩子参与家庭工作的父亲，都可以了解到孩子如何在无形中模仿买菜、熨衣服、使用刀子和除草等工作，而这些工作都会在他们的游戏中重演，孩子这段游戏童年是其日后人生最重要的基石。因此，最重要的是孩子周围的成人能将生活安排得有规律、有秩序，喜欢工作，并且乐于主动承担责任。

但是对现代都市生活中的孩子来说，没有植物，没有动物陪伴，甚至没有阳光、星星和月亮，在快节奏的生活方式和严重污染的环境中，连呼吸都是一个问题。同时，很多孩子或生活在破碎的家庭里，或生活在祖父母家里被溺爱，或由于父母工作忙经常看不到父母亲，或生活在极度贫困的环境里，失去了美好质朴的自然和人文环境。学校和幼儿园应该有足够的户外空间，让孩子有宽阔的地方奔跑，养一些小动物，创造机会让孩子学会关爱生命，种花种菜，让孩子感觉到生命的欣欣向荣。

幼儿园教育不应像低年级那样"正规学习"，不需要教孩子读书、写字和算数，而要注重孩子的健康成长，给予儿童温暖和爱，这才是幼儿园教育的重要内容。孩子由他所得到的爱以及丰富的生命力创建了自己的身躯之后，他的生命力才能用来执行第二个任务，即知识的学习与智力的训练。如果在此之前教他们读、写、算术，就会剥夺他们用以建造身体的生命力，而阻碍他们的生理组织结构的发展。

# 8. 为孩子的未来做好准备

很多父母为孩子的未来做了很好的准备，可是孩子自己对未来的发展却不太关心。未来会怎么样，除了猜测就是担忧。很多父母不顾孩子的承受能力，配合学校给孩子过多的压力，并认为孩子应该为竞争做好准备，不输在起跑线上。他们认为孩子现在要卧薪尝胆，并要懂得先苦后甜这个公认的真理。

人们认为随着社会的发展，以后竞争更激烈和更残酷，所以，要提前进入状态，练苦功来增强竞争力。随着中国的工商业继续发展，中国必定会像其他工商业发达的社会一样，竞争会变得更加激烈和残酷。如果要冷静地，现实一点地面对的话，那么孩子就该受苦了，因为以后中国的竞争会比现在激烈，甚至比日本和美国的竞争更激烈和残酷。也许，这是事实。可是，看看美国父母是如何让孩子面对未来的。美国人知道孩子以后的生活会很苦，所以，他们不给孩子任何压力，也不要求孩子负很多的责任，而是让孩子充分地和尽情地享受作为孩子应该享受的生活乐趣，而且法律赋予孩子这项基本的权利——自由地玩耍。富人穷人都一样能办到的，就是不给孩子很多压力，让孩子享受生活的乐趣，难怪人们都说美国是孩子的天堂。美国政府不能因为这些孩子"不学无术"而不顾孩子们该享受的儿童权益，父母也不担心孩子以后能否在这个世界上竞争最激烈的国家生存。但最终事实也证明了，这些"玩"大的孩子并非是苟且偷生地活着，或者成了不学无术的败家子。相反，在巨大压力下长大的中国孩子里，却有无数不争气的大学毕业生，在某种意义上苟且偷生，新名词称他们为"啃老族"。

随着社会的发展，以后社会对人的要求更高，但是，以后社会对人的要求不仅仅在竞争力方面，更高的要求是人能有效地与他人合作。以后的社会分工更精细，对人的合作技巧的要求也更高。很明显，在一个人事关系不融洽的机构或公司里，人的知识和才华很多是浪费掉的。现在的教育过于强调竞争，这样教育出来的孩子将来不一定适应文明的社会。无论社会的发展存在着多么激烈的竞争，如果社会是往更加和谐和文明这个方向发展，那么，人就应该具备更高的合作和协调能力。

一般人认为日本经济的强大是建立在日本人的团队合作精神的基础上。不过，这只是合作的一种形式。很多人对合作的理解还是比较局限。合作不仅仅是为了共同的利益而相互配合、相互利用，甚至同流合污。有的国家为了自身的利益甚至可以"团结"一切人和一切力量，包括敌人和敌对力量。在合作中双赢是合作的基础，也是很多人认为的合作的好处。可是，合作如果只考虑合作双方的利益，而不顾及第三方的利益损失，如房地产商和地方政府合作那样，双方都有利，很多老百姓却没有了耕地，买不起房子，这样的合作就不可思议了。什么才是真正有意义的合作呢？这里有一个不变的真理，那就是为了合作双方的利益的同时，不能损害第三者以及大自然的利益。教育孩子学会真正意义的合作比教育孩子去战胜对方更加能提高孩子的竞争力。如何做到这些？那就是要实施个性化的教育，每一位孩子都有他的天赋，都能给我们的社会发展带来贡献，因此每一位孩子付出努力去学习和工作时都应得到肯定，而不是胜过了其他人才能得到肯定。在衡量和评估孩子时，要看他们是否努力和尽力而为了，而不是看他取得了什么成果。

谁都不能说他可以肯定地把握未来的社会发展，只能做些猜测，并做相应的准备。但是在孩子的教育方面，如果一味为未来而准备，不顾孩子当下的情况，如他们是否健康、是否快乐，内心是否充实等等，那么，未来不见得就有把握。只要尽量让孩子健康地、快乐地、内心充实地过好每一天，那么未来无论如何，他们都会从容地对待。请观察一下，一个在童年阶段有很多痛苦和不快乐的体验的人，成人之后是否会受到童年的痛苦经历的阴影所影响，相反，一个在童年阶段有很多快乐和愉悦体验的人，成人之后，他们是否更容易面对成人的痛苦和不快乐。如果我们能去研究和了解这些现实的问题，那就能帮助我们更好地认识未来的社会发展。

第二部分

华德福教育中的早教

# 1. 清晰认识早教问题

儿童早期的教育，首要的任务就是让孩子建构一个健壮身体，以便未来迎接精神个体，进而完成这个精神个体在物质世界的使命。早教的目标是让孩子在童年时期完全健康地体验自己的发展步伐，接触适当的、具有挑战性的事情，以加强他的内在力量，达到身体的塑造成型，从而完成第一成长阶段。然后，孩子才能以同样的喜悦、力量和学习动机走向小学，并承受小学阶段的各种考验。幼儿从出生之后到六七岁阶段中，他的任务是充分发展身体，让各个器官的功能完成细微的区分。这个阶段，孩子对周围环境的一切，包括人们讲话的语调、行为举止，都不加以判断便接受了，但是，他们会检验家长和小朋友们的态度和价值观，直到学龄前才完成一个完整的器官形成过程，使他们的物质身体成为一个值得利用的"工具"以支持未来生命的成长。也就是说，幼儿可以借由这个健康的身体，势不可挡地向外发展心灵与精神的独特性。

现代主流的教育都认为孩子越早进行智力开发越好，把各种名目的幼儿教育施加给孩子，孩子的负担越减越重，超负荷儿童的年龄越来越低，甚至，连一个肉团团都不放过，躲在妈妈胎盘里的婴儿也要进行胎教。不管胎教理论和实践是否有建树，胎教的提倡倒是给商人带来了不少商机，社会上五花八门的胎教课程、教材、录音带和电子设备应有尽有。有商业利益，自然就有不断的媒体和书籍甚至权威人士来鼓吹胎教的好处，并教导消费者如何使用这些商品。

如果存在着胎教的话，那应该是妈妈在怀孕期间谨慎选择食物。所谓谨慎选择并非仅仅是关心蛋白质、矿物质和维生素的含量是否丰富，而是应注意到食物的品质、能量、生机和活力。怀孕中的妈妈应该寻找自然活力农耕方式种植的食品（实际上，所有的人也应如此），如果办不到，也应该选择有机种植的绿色食品。一份高品质的食谱，并非仅仅是大鱼大肉和山珍海味，而是尽可能不含任何化学添加剂与其他不洁食品。现代农业为了食物的美观与方便保存，使用了大量化学杀虫剂、人工肥料和食品添加剂，很容易因此而破坏了这些食物的生命力，并使有毒物质残留在植物和动物中。

孕妇要照顾好自己的身体，如在怀孕期间应避免电子辐射，电视、电脑和复印机等电子设备在运行时都会发出很强的电子辐射或静电，这些对胎儿的成长非常不利。另外，怀孕中的妈妈要坚持每天散步，这对孩子来说有着不可估量的好处。散步可以增强胎儿的呼吸能力，户外活动可以增加阳光和氧气的吸收量，而且有利于自然分娩。事实已经证明，劳动多的农村妇女比劳动少的城市妇女平均分娩时间要短很多。最后，保持乐观开朗的心情是每个医生和过来人的忠告。

十月怀胎，一朝分娩。分娩本来是一件很自然的事，现代人却找出种种借口把本来很自然和简单的产妇分娩，搞得复杂化起来。在物质主义和市场导向的推动下，剖腹生产甚至形成了一个很大规模的产业。人们由于对这方面知识的缺乏，百分之百地向医生和媒体宣传投降。产妇知识的缺乏有几个方面的原因：

**（一）在普及教育和家庭教育中对怀孕、分娩知识闻所未闻**
**（二）现在的产前教育已经变成了产品介绍和推广会**
**（三）相关的教育咨询和资讯贫乏**
**（四）很多将要做妈妈的人，其实还是一个孩子，哪怕是三十有余的大龄产妇，也不见得有做妈妈的心理准备**

在西方发达国家，流行选择让医生来家里帮助产妇分娩。由于是在自己的家里，需要什么、喝什么、吃什么等一切都很自由和方便。我们亲身体会了在家里分娩的好处：既不要轮流守候和送饭，也没有作息时间的限制和遵守医院那些没人性的规定；既没有其他病人的呻吟和孩子的哭闹，也没有缺乏经验的护士在一旁手忙脚乱，更没有医生在一边恐吓："**不剖腹就有生命危险。**"

现代人迷信了现代医学之后，顺其自然的生殖传统已不被人们重视，对自然不屑一顾，甚至大逆其道。孩子经过母亲的生命通道，对孩子和母亲来说都是非常重要的人生经历，点点滴滴的人生体验都有着深奥的意义。人们不在意这些微妙的经历，并在讲究多快好省的思想支配下失去了生活的意义，在一个不讲究生活意义的社会中生活，教育也就无从着手。

在儿童早期阶段，不该有任何学知识的要求，因为学到的知识终究要被忘记或者过时，很多科学知识和技能也不能随着年龄的增长而简单地累加起来，而且，科学知识和生活技能对儿童来说，绝大部分应是在玩耍和娱乐中学到的。但是人文知识需要不断地进行新陈代谢，才能深入到孩子的内在心灵，早期的儿童教育应是进行人文精神的熏陶。孩子早期的内心需求不是科学知识和生活技能，而是精神食粮和价值观念，孩子的价值和道德观念是在老师家长的言传身教中形成。虽然孩子可以开发的潜力无限，但是也要分阶段平衡地开发。孩子的成长需要有一个过程，在什么年龄阶段需要什么，几乎是每个人成长都要经过的途径。很多家长由于工作忙碌，什么东西都可以给孩子，就是无法陪孩子一起玩，跟孩子一起生活。其实，孩子最需要的是跟父母在一起，接近最能给予他们温暖的人。这样父母在精神上才有机会和他们交流。同时孩子还需要与其他伙伴一起玩耍，并在跟朋友的交往和冲突中学会与人相处。

接触自然是幼儿教育和成长的重要部分，在接触大自然中健康地成长。自然的成长能发展他们的身体，同时也能发展他们的免疫机能。医药、热敷、淋浴、饮食及各种疗法都是为了增强他们的身体组织以对抗儿童期的麻疹、腮腺炎、水痘等疾病。虽然许多父母仍然会让小孩接种小儿麻痹、白喉、破伤风等疫苗，但是儿童期一些较轻微的疾病是良好且必要的，如感冒、出痘等。只有培养儿童身体的自我调节能力，才能抵抗未来世界越来越多、越来越强的各种病原菌及滤过性病毒。很多孩子就是在早期不断的教育中失去了健康，如视力下降、身体发育不良、心理障碍、厌世等等。

过于依赖医学技术，滥用药物和抗生素，令许多病原菌已经无法用抗生素消灭了。所以除非真正需要，否则尽量不要让小孩使用抗生素。像阿司匹林之类的止痛或感冒药，仅仅掩盖病象，并非真正能治病，更是要尽量避免，因为它们只会令身体的抗病能力减弱而已。近年来，儿童及少年患气喘、过敏、糖尿病的病例大增，这些体质虚弱者易患的病，可以说和近年来过度使用预防针，以及滥用抗生素和掩盖病象的药物有着不可分的关系。

在美国纽约我生活的地区，反对滥用免疫的人们通过一个叫作"病人有权利"的民间组织发动了一场声势浩大的抗议活动，坚决抵制政府强行给孩子种一些不必要的疫苗，他们发动当地居民给总统、副总统、国会议员等要员和卫生部、教育部等主要部门写信，表达他们的关注和抗议的理由，一直闹到国会。最后，华德福学校和一些私立学校争取到了可以选择自己需要的疫苗的权利，有些家长只为这个原因而把孩子送到华德福学校就读 ( 美国的公立学校都需要持有免疫证明才能上学 )。

人本身就具有自己的免疫系统，如果不让这个免疫系统发挥其职能，免疫能力就会消退。人的智能也一样，可以自我完善。人出生之后，相当于父母为孩子画了半个圆，在成长过程中，每个人都有责任，而且都有能力去画圆的另一半。信任孩子就是尊重孩子，也是承认了孩子内在的素质。孩子内在的素质就是孩子天生具有的素质。从小就给孩子提供机会参与生活，可以增强孩子对生活的信心。

2004 年我们在美国纽约，准备回中国办华德福学校之前，考虑到中国的卫生条件，带两岁半的小儿子去卫生所看了看免疫情况。孩子出生到两岁半没打过任何疫苗，医生看了之后说很多疫苗都不需要打了，因为他已经两岁半了。后来，考虑到中国的乙肝问题，只给他打了乙肝疫苗。

## 2. 早期教育在家庭生活中进行

孩子出生第二天才教育，就迟了一天，可是，儿童的早教不是在教育机构进行，而是在家里进行。年轻家长不太懂教育，被迫切的教育问题困扰着，又都不敢误了孩子的教育，因此，五花八门的早教机构应运而生、财源滚滚。不少家长认为孩子的早教其实就是知识和技能的教育，因此越早让孩子掌握知识和技能越好，提前积累，长大了之后知识就越丰富。但事实却不是这样，学习过的知识终究要被忘记，提前积累的知识和技能并不能随着年龄增长而简单地累加起来，知识需要不断地新陈代谢，才能对孩子的教育起到作用。最明显的例子是四岁就开始学会认字和阅读的人，到成年之后，未必比八岁才开始认字和阅读的成年人，认字或阅读多。

洗澡的目的是使身体干净，消除疲劳。知识的教育像洗澡那样，经过知识和文化的熏陶，孩子不仅知识变丰富，而且心灵和精神也变得更丰富，这样知识的教育才有意义，否则，学习知识的教育就成了孩子的苦力劳动。孩子在不同的年龄阶段需要不同的知识，孩子的内心在不同的年龄阶段也有不同的需求，所教的内容和教育手段，不仅要符合孩子的智力承受能力，也要满足他们内心的需求。对于幼小的孩子，内心的需求甚于知识需求。内心的需求包括被爱、安全感、温暖、自由和不恐惧等。

刚出生的婴儿，最需要的知识就是学会吸奶，学会通过对妈妈微笑或哭来获得注意和关爱，这样就学会了生存的本领。孩子的内心对知识、文化和艺术的需求，可能来自妈妈轻轻哼唱的摇篮曲，而不是莫扎特或贝多芬的交响曲。孩子两岁的时候开始抢着帮妈妈扫地、洗菜、搬东西等，对大人来说简直是添乱子，但这就是孩子学习参与社会生活的过程，这就是孩子需要的"知识"，而不是去熟读经书。早教的主要内容应该是让孩子学会生存、生活和社交关系。过分强调知识的教育，不让孩子参与生活，不顾孩子的内心需求和感受，都是现代教育的盲点。尽早教孩子知识，孩子虽然能学到一些知识，却缺乏基本生活能力，远离真实的生活，并无法进入社会生活。

早教应该围绕着生活展开，给幼小的孩子唱儿歌、讲故事和读书，就是滋养孩子的心灵。轻易地把孩子的教育交给以盈利为目的的早教机构，是目前很多望子成龙的家长犯的错误。有意识地放下一些工作，推辞一些应酬，和孩子一起做饭，给予孩子家的感觉，与孩子享受天伦之乐，是孩子成长中不可缺少的因素。家庭的温暖是孩子最高的心灵需求，忙碌的或富有的家长，无论给孩子提供多少物质或知识，都代替不了孩子的内心需求。往往那些平凡家庭里的孩子，内心生活比较充实。记住，孩子的内心在不同的年龄阶段也有不同的需求，这里篇幅有限，不展开论述，简单来说，给读中学的孩子唱儿歌、讲故事和读书，就不能满足他们的内心需求。

如果说学生在学校里要学习知识，那么应该是满足孩子对知识的渴求，可是，当前的学校教育给孩子太多跟学习知识无关的考试练习，把学习知识简单化作为考试做准备，学生做很多练习或考试，而未能满足他们对知识的需求，造成厌学、空虚、迷恋虚幻的网络空间和游戏。可见，孩子在任何的年龄阶段学习知识，首先要考虑的是满足他们的内心需求。

如何理解孩子的内心需求呢？年轻的家长们，就想想你们在这个年龄阶段最需要的是什么吧！也许你小时候，父母经常吵吵闹闹，那么，你希望求的是父母能恩恩爱爱，至少能和平相处；也许你小时候，经常随着父母搬迁，那么，你最需要的是能定居在一个地方，哪怕物质条件不是那么好；也许你小时候，你最期待的是你的父亲或母亲不出差，他能带你去一次公园；也许你小时候，你最需要的是父母能听你解释为什么，你有理由做他们认为不对的事，等等。我们太容易忘记了自己小时候的内心需求，我们给予孩子的都是我们认为对孩子好的，更多时候，那是满足自己对孩子的期待。了解孩子的内心需求，才能清楚地认识到早教能给你的孩子带来什么。

# 3. 建立华德福家庭生活的节奏

华德福的家庭教育强调把生活的步调调整一下，重视精神，追求生命直觉与简单生活。因为，家庭生活与家庭文化给孩子的影响大过世界上任何事物。在家庭生活方面，家庭是孩子的堡垒，孩子在年幼时得到充足的守护和照顾，内心会生出足够的能量，长大足以面对复杂的世界。家庭文化部分，要让孩子在你特别营造的，温暖、规律、充满爱的文化中长大。任何家长都可以从点点滴滴改变，护卫孩子童年，引领孩子成长，建立一个规律、温暖、安全且充满爱的华德福家庭。

节奏和规律是华德福家庭生活的核心。自然宇宙充满了韵律节奏，如日出日落、每周七天、月亮的圆缺、季节的改变等。努力为孩子创造有韵律节奏的生活，会帮助他们与自然的韵律建立强而有力的连接。有节奏的吃喝、游戏、休息也带来安全感。典型的华德福家庭一般都早睡早起，每一周、每一季都有固定节奏。关于节奏对孩子的重要性，后面还有进一步的描述，下面我们来看看孩子一天的家庭生活节奏。

## 新一天的开始

叫醒孩子是每个家长每天都要做的事情，但是很可能我们已经忘了自己还是孩子的时候被叫醒的几千个早晨。我们的眼睛迷迷糊糊地睁开，扫视着墙壁和天花板，寻找着那些会预示着下雨还是晴天的色彩。

早晨可能是个繁忙杂乱的时间，家长忙着为每个孩子准备喜欢吃的早餐，或哄某个孩子多吃一点。**留出足够的时间**是早晨的第一要务！应该早起让每个人都有时间做好出门的准备。

让孩子穿衣服有时候也是件困难的事情，避免跟孩子冲突的一个办法是，把你不喜欢或者你的孩子不喜欢的衣服扔掉，或者送人，这样剩下的衣服都是获得一致认可的。精简是王道。

## 早餐的烦恼

如果不希望在餐桌前跟孩子斗争，可以通过完全不留选择的余地来赢得早餐战斗，比如不要问孩子今天想吃什么，不要太在意孩子"不喜欢粥"或"必须得吃面包"。坚持回答一样的话："我们只能喜欢已经准备好，并摆在你面前的食物。"在家里家长能有意识地轮换早餐的食材，就有足够的资本来坚持，孩子必须吃你提供的食物。家长还可以利用早餐时间来计划一下每个人的一天如何安排，如在学校可以吃到什么，提醒上学的孩子放学以后要上音乐课等。听起来太好，不像真的？但是，只要通过我们成年人的不懈坚持，就能把早餐这段充满紧张和焦虑的时间变成愉快的一天的开始。

## 享受家务工作

接着送孩子去幼儿园或小学，看着老师忙碌地做老师的"家务"。不同的班里，老师也会有不同的事务，她们通常在烤面包、做针线和准备午饭。孩子们在华德福幼儿园里会非常热爱参与这些家务活动，但是在家里，家长会不给孩子机会，大多数情况下是把他们赶走，确实，有这些朋友插手的话，成年人干活的效率就会降低。然而，只有在这宝贵的几年里，我们的孩子才会因为妈妈或爸爸在做一件活动而快乐地参与这项活动。

当你在家做家务的时候，邀请你的孩子一起加入！做任何活动的时候都可以加上"我们这样打扫，这样叠被子，这样刷盘子"等，可以一边做一边哼着歌谣，让孩子感觉到你是享受家务，而不是厌恶家务。

## 孩子的课外活动

华德福教育提供了那么多丰富的课程，让华德福学校的家长在选择课外活动时举棋不定。首先，在幼儿园阶段，孩子的所有课外活动都还是以玩耍为主，上华德福幼儿园的孩子参加任何有规律的音乐、美术和体育课外活动都是多余的。如果有适合这年龄阶段孩子的活动，如听故事，看木偶戏，做手工等，都不宜花太长时间，保证能按时回家吃晚饭。小学阶段的孩子可以参加有规律的音乐、美术和体育课外活动，这些活动也不能有功利化目的。如果孩子回来太累，那么这些课外活动已经失去了意义。

## 全家人一起吃晚餐

全家人一起按时吃晚餐是一个家庭和谐的基础，也是对现代人来说最奢华的生活，因为家长忙于工作、生意和应酬，加上回家路上交通堵塞，家庭生活中最基本的一个活动——一起吃晚饭变得越来越困难了。全家能在一起面对面交流的机会很少，有些人由于工作性质关系，必须要努力克服种种困难才可以实现。过去，人们有很多餐桌礼仪，通过餐桌礼仪还能规范孩子，让孩子学会规范的行为。在社会上，通过餐桌上的行为，也可以略窥到一个人的家庭教养。另外，父母在餐桌上的讨论和言论，经过日复一日、年复一年的作用，会成为家庭价值观的重要基础。孩子们无意识接受了家庭的价值观和一些家庭传统。现代家庭破裂，家庭传统不能传承到下一代，跟全家一起晚餐这个家庭交流环节的缺失有一定的关系。别忘记餐前的感恩，感恩的教育看似空洞，却意义深远，也许你都没想到学会感恩与孩子未来做个负责的人有直接关系。

## 最后的亲子时光

晚餐后到睡觉前的亲子时光对于早出晚归的家长来说，是唯一见到孩子的时间，好好珍惜吧！对于以上时间都跟孩子在一起的家长，这是孩子自由玩耍最好的时间段，有自由自主玩耍时间对孩子非常重要。那么，忙碌的家长和全方位过度关注孩子的家长，你们必须学会平衡孩子的需要和父母对亲子关系的需要了。如何利用这个难得的亲子时光，在这段时间里做些什么，里面有很多文章可以做。很多细心的家长也有不少可以交流的经验。

## 睡前故事

没有一个孩子会拒绝故事。从人类围着火堆讲出第一个故事开始，到如今许多世纪过去了，故事一直是公认的教育工具。建议大家要远离传统故事的"现代版"或卡通漫画版。通常，现代编辑会根据自己的需要舍弃本质的元素，或更改故事情节，但是不加修改的传统故事更适合上学的孩子的需要。

睡觉前是讲童话故事的完美时间。这些简单的童话故事把男女英雄摆在艰难处境当中，然后，通过坚持、诚实和慈悲克服了巨大的障碍。在睡觉时间，你的孩子可能会无意识地针对他自己的困难进行工作。童话故事会给他提供一个模范，强化他自己通过坚持、诚实和慈悲去迎接挑战的能力。睡前童话故事可以让你的孩子带着清晰的、简单的图像飘入梦乡，这些图像能够深入到他的梦境当中发挥作用，事实上，也就是深入到他的身体器官的发育当中。

还有一类故事对小孩子来说也不可或缺，那就是成人"编出来的"故事，也即一些家长给自己的孩子专门创作的故事。对比较小的孩子来说，任何能够叙述四季的周期和家庭生活的故事都很合适。这种故事可以永远继续下去，就像四季一样。你的孩子会一遍又一遍地求你给他讲这个故事。能给孩子讲一个自己"即兴"创作的故事，需要一定的天分，这个天分能让孩子受用一生，如果没有先天的才能，可以通过培训学习获得。实在没办法的话，给孩子读故事也是很好的选择。

# 上床入睡

和早晨起床那样，让孩子上床的第一要务也是留出足够的时间，观察他的习惯模式，并据此做计划。你可以把上床时间每晚提前五分钟，或隔一天提前五分钟。对于华德福幼儿园的孩子来说，一般建议晚上八点上床。事实上，很多人都不容易做到。

让孩子上床后，点一支蜂蜡做的蜡烛，蜂蜡通过燃烧散发出天然的芳香，帮助孩子睡眠，同时，蜡烛带来的温暖感对每个孩子都能起到神奇的效果。孩子能够自由地接触到其他元素（水、气、土），但他很少能够接触到火。当然，保证蜡烛燃烧的安全是第一重要的，不能因为安全无法保障，而从孩子身边夺走基本元素。古代炼金术士提出，宇宙是由水、火、土、气这四种元素构成的，因此人类的内在也含有这些元素。

从远古时代起，我们就聚拢在火的周围，获取温暖、力量、疗愈以及它闪耀的光芒里所包含的物质。只是到较近的时代，火才被驯服，装在笼子里，或者随着炉子的发展，完全远离了我们的生活。以蜡烛的方式让火进入孩子的生活，对他们来说是件幸运的事。你可以点一支蜡烛，讲一个故事，念一段你喜欢的睡前祷告，然后让孩子吹灭蜡烛。这样，孩子可以有一个坚固的、平衡的、安全的港湾，从这里开始夜晚的旅程。如果家长坚持做，试验并改进，就会体验到积极的回报，那就是丰富而有节奏的家庭生活。

# 4. 节日庆典对孩子生活的意义

　　春夏秋冬、花草树木和日月星辰都在有规律和有秩序地变化着，人的发展也有某种规律和秩序。一叶又一叶，一枝又一枝，这种固定的植物生长韵律也是儿童此时成长的韵律。所有生命的成长过程都充满着韵律。环绕着太阳的行星，具有伟大的宇宙韵律，在黄道带内，太阳与其他星球也有韵律关系，在地球上有昼夜相继的韵律，也有季节的韵律。人类有劳逸交替、心跳、呼吸和情绪起伏的韵律，动物也有筑巢、交配、进化、更替的韵律。韵律本质的存在是人类最大的福祉，因为这些韵律的变化让人们进入每一天的生活之中。作为生命有机体的儿童，特别需要过着有韵律的生活，韵律能在极端严格、乱七八糟、毫无章法之间维持一种平衡，具有韵律的生活模式有说不尽的好处。节日之中隐藏着生活的规律或韵律，有节奏或韵律的生活是身、心、灵健康及幸福的基石。

古人有在特定的日子里对自然和神灵表达崇敬和虔诚的传统，希望能够跟自然和睦相处。这也是传统节日的起源，这些节日代表了古代人的工作和生活的时间节奏，人们庆祝传统节日更说明了时间的神秘性。他们用特定的方式，如大兴酒宴、载歌载舞等来享受人间的乐趣。传统节日是人们生活的高潮，同时也表达出他们热爱生活，并对生活充满期待。

节日，尤其是传统节日，是生活中神圣和特殊的日子，也是每一位孩子天天都在期盼的日子。庆祝传统节日不但让孩子在特定的日子里表达崇敬之情，享受到他们期待的欢乐和喜悦，而且也让孩子对生活充满美好的期盼和向往。一年之中的传统节日就像音乐中的休止符，把传统节日的期待、准备和庆祝过程当成主旋律，可以让孩子感受到生活就像音乐那样，拥有一个又一个高潮。庆祝传统节日和其他庆典活动是华德福教育培养学生崇敬和虔诚之心的重要环节，而且跟道德教育融为一体。

在西方的华德福学校，在春天庆祝复活节，华德福学校的学生歌颂生命的复活，庆祝经过了漫漫的寒冬之后，地球上的万物开始新的生命循环；在夏天庆祝圣约翰节，他们点起火，唱着圣歌赞美圣约翰的献身，以及强大的夏日和万能的太阳，不仅给予万物生命，也给予我们温暖；在秋天他们庆祝米迦勒节，天使米迦勒降伏天上的巨龙，给予人类征服黑暗的勇气，让人们有信心不断地进取和完善，这是造物主恩赐于人类的最大精神财富，同时秋季也是丰收的季节；在冬天庆祝圣诞节，并不仅仅是圣诞老人和礼物，也不仅仅是纪念耶稣的生日，更重要的是庆祝精神灵性的降临，犹如黑暗中的光芒。

节日的庆典就是在庆祝自然的韵律，如庆祝日出、日落、四季交替、生长、凋零，在庆祝节日的韵律中，儿童渐渐地与自然、家庭和人类合为一体，并感觉到他与世界、宇宙融为一体，共同鼓动着那生命的韵律。

我们在生活中通过节日庆典把孩子的注意力导向自然界的变化，并发掘自然界中的美，仔细观察植物和动物的生长变化，从中找到自然界和自己在发展过程中的共性。万物生长和欣欣向荣的春天犹如生命力旺盛和活泼可爱的童年，烈日炎炎和暴风雨的夏天犹如血气方刚的少年和青年，心旷神怡和果实累累的秋天犹如成熟稳重和事业有成的中年，枯萎、宁静、寒冷的冬天犹如衰弱、安详的老年。

节日庆典不是仅仅限于家庭团圆，吃吃喝喝，我们必须对节日有深刻的认识，要围绕着纯洁、崇敬、感激、虔诚、同情与爱心展开各种庆典活动，方式上既要保持传统，也要多样化。节日庆典不但可以把孩子的生活与自然宇宙联结起来，还可以帮助学生寻找一种至高的理想和精神归属。

在地球上的生物当中，只有人类能够把自己作为一种自我封闭的存在、作为"我"来体验。正如在自然界的生命延续过程当中植物的叶子会凋萎、种子会从母株分离那样，在人的整个发展过程中，我们的精神也会凋萎，也会从自然界分离。我们的分离，建立在我们最初与世界的联合的基础之上，它本身就是一个新的联合的种子。

认识到这一点，我们就能以一种新的方式来看待自然，随着宇宙在四季的节奏中演进，并与宇宙一起，更加内在地参与地上的生活。我们看见发芽、开花、成熟和凋萎。我们观察到春夏秋冬的交替，日和夜表演着一场宏伟的舞蹈，有时它们保持平衡，有时白天占主导地位，有时夜晚占主导地位。我们观察鸟类的飞行以及月亮的相位。

我们开始感觉到，这些东西对我们来说不仅仅是外在的，而且还深刻地、神奇地与我们的最深层的精神结合在一起。

我们可以感觉到，太阳光里流淌的，和我们的心被爱的火焰点燃的时候流淌出来的，是同一种东西。

我们可以感觉到，月亮的苍白的光是对太阳的活跃的光的反射，同样道理，我们智力的苍白的图像是对明亮的、生动的思想的反射。

从这个角度来看，交织在一年生活当中的各个节日就有了新的意义。这些节日都是过去流传下来的，它们来源于一种古老的智慧，一种关于人和自然的精神的知识。在现代世界当中，它们的实质很大程度上已经丧失了，它们成了传统、习惯、经济的东西。如果加以正确的理解和正确的庆祝，节日可以对个人和社会产生疗愈作用，成为一种促进社会和谐的力量。

在节日的庆典当中，人和自然可以在更高级的天性和更高级的人性里面来到一起。人们可以聚到一起，围绕着真正的、普世的、人类共同的目标而联合到一起。通过庆祝各个节日、经历各个季节，我们可以学会感觉宇宙的呼吸和脉搏。**我们可以逐渐体验到，我们在世界里面，世界在我们里面。**

## 5. 跨过彩虹桥而来的访客

给孩子庆祝生日，是令很多家长头大的事。这个日子跟节日不一样，是属于孩子的一天，庆典活动也只有你一家在进行，比起传统节庆，这个活动未免有点孤单。孩子在小的时候，生日庆典也是强化孩子对时间的神秘性的认识。不能简单用礼物来打发孩子的生日这个特别的日子。

在华德福幼儿园里，每个孩子过生日时，都会有一个美好的生日庆祝会。这天，老师会提前铺好彩虹桥，用五彩的丝绸、鲜花和水晶石布置好场地，园里会邀请孩子的家长来园里为自己的孩子过生日。

庆典开始的时候，小朋友会围坐在一起，老师会讲一个关于这个孩子的成长故事，"**神殿里住着许多天国的小天使，他们希望有**

**一天能成为人类的孩子……"** 每讲一年，老师就用火柴点亮一支蜡烛，老师讲的时候，家长会亲手领着孩子走过彩虹桥，来到老师身边，老师会为孩子戴上花环，披上手染的五彩布，还会把亲手为孩子制作的手工玩偶作为生日礼物送给过生日的孩子，之后每个小朋友会给小寿星一个拥抱，一起吹灭蜡烛，之后所有的小朋友会一起为过生日的孩子制作水果蛋糕。最后由过生日的孩子把蛋糕分给园里所有的小朋友和老师。

生日庆典简单、隆重、神圣。家长对孩子的爱，老师对孩子的爱，小朋友们之间的友情，所有的情感都流淌在每个人的心里。在充满着欢乐的空气中，无须语言的表达，生命和爱的种子会在孩子的心里伴随他一起长大。

有这样一个经典故事，是在孩子生日的那天专门讲给孩子听的。

**很久很久之前，也就是在你出生前，你住在星星之中，太阳、月亮、彩虹都是你特别要好的朋友。在那些日子里，太阳将它的光芒照射到天下所有的角落，你快乐地在阳光下跳舞。到了晚上，月亮跑来向你致意，在深夜，你睡着时，星星和月亮都还在照顾着你。**

**有时，你会往下看着这个世界，看着其他小宝贝对他们的爸爸、**

妈妈微笑，你也常常渴望能与自己的爸爸、妈妈在一起。你的天使对你说："我们将帮你找到特别好的爸爸、妈妈。"他们又说："不过，你必须每天晚上回来拜访我们喔！""噢！我会的！"你高兴地说。

然后，你的天使赐予你可爱的爸爸和妈妈，太阳给了你舒适的温暖，星星给了你明亮的光，彩虹替你穿上闪烁的彩衣，月亮给你编织了银色的条纹，这样你就能够找到回去的路，以便拜访你的朋友。

当这一切事情都在悄悄地进行时，爸爸和妈妈听见了从天上传来的低语，知道你快要来了，于是，他们幸福地拥吻对方。

你顺着阳光前来，很快就到了。妈妈怀着无尽的爱，将你藏在自己的肚子里，就在离妈妈的心脏不远的地方。

但是，那时你还是一个很小很小的小宝贝，在妈妈的肚子里一天天地长大，大到足可以出世时，妈妈帮你找到一个特别的方式，迎接你到这个世界来，你很高兴地滑了出来，而且惊奇地发现爸爸、妈妈、哥哥和姐姐都在等着祝福你。

你没有忘记你出生前的天使和朋友们，他们也没有忘记你。每天晚上睡觉时，你都会回去拜访他们。在白天，你的朋友托太阳把

**温暖的阳光和爱传来地球给你和大家，有时候，彩虹也一起来拜访你。当你在画画、唱歌、读诗或跳舞时，天使也会来探望你，给予你灵感和智慧。**

这种故事符合学龄前儿童的理解能力，以图像的方式来陈述事实的故事，能够让儿童了解到生命的深层意义。如果用生物知识来告诉一个四五岁的孩子生命出现的过程，孩子对生命就有了固定的概念，而那些知识不会给孩子的生活带来什么帮助，只会让孩子对生活感到迷茫，甚至讨厌这个无聊的世界。因为，这个年龄段的孩子需要的是非理性化的生活智慧，而不是理性化的、干枯的学术知识。

孩子的生日会不适合太多人，太隆重。很多家长愿意为孩子的生日开大型生日会，租专门的场地，模仿大人的生活方式，送礼等等，这些都不是孩子们希望的生活体验。如果孩子在华德福幼儿园，家长希望给孩子过一个特别的生日会，可以邀请孩子的几个小伙伴到家里来，如果自己不够自信，可以请别的家长或老师，模仿以上华德福幼儿园老师的做法，并给孩子讲生日故事。注意，这个故事不适合九岁以后的孩子。

# 6. 童话故事是孩子的精神食粮

在现代社会中，传统的童话故事已逐渐被忽视，甚至还会被质疑：**为什么给孩子们讲童话故事？童话故事是否会使孩子逃避现实而想入非非？孩子们能在那些假的、幻想的和神奇的故事中学到些什么？**

事实上，童话故事在儿童的生活中扮演着重要的角色，各个民族的传统童话，如格林童话，都被广泛地应用到教育中。华德福学校从幼儿园到二年级期间，几乎每天都有讲童话故事的固定时间，他们选用的童话有如下特点：

**（一）在故事中，通常没有固定的时间、空间和人物。例如，故事的开头常常是："很早以前，在一个古老的王国里有一位王子。"**

（二）故事总是有喜剧性的结局。例如，后来那个女孩和王子结婚了，过着幸福快乐的生活。

（三）故事可能就发生在你的眼前或你的周围，但有着魔术般的发展和结局。

（四）在童话中常常可以找到如下几个问题的答案：世界是怎么样的？如何在这个世界上生活？生活的目的是什么？如何找到真正的自我？

瑞士儿童心理学家皮亚杰认为：青春期以前的儿童不会区别精神世界和物质世界，在成人看来无生命的事物，在儿童眼里都是活的，有意识的。如童话中的太阳、月亮、动物、植物和自然界中其他任何物体都能讲话。他把这一现象称为儿童的**"万物有灵论"**。这是儿童自然的精神活动，而不是理智的思维活动。形象化的童话世界与儿童的意识相吻合，因此，他们相信童话是真实的。

仔细观察专心致志地玩耍的儿童，你就会发现他们常常把周围的世界与想象中的世界艺术般地结合起来，为自己营造一个梦幻般的世界，并渴望进入那个世界。儿童的世界本身就色彩缤纷，如童话中的故事被施了魔法那样，被一张"白纸"覆盖着，他们的成长过程就如童话故事，通过不断斗争而挣脱魔法那样，揭开这层"白纸"来展现自己。当挣脱魔法展现出原貌时，梦幻般的世界便随着魔法消失，他们的意识开始醒悟，并开始寻找权威、英雄、偶像，直到寻找真理和个性，完成自我成长的理性阶段。

传统的童话象征着人类早期认知意识，人类的认知意识也有它的童年阶段。那时，在理性未醒悟之前，人类的认知意识像梦（或童话）一样，精神生活与物质生活没有明显的界线，人类只有群体的意识而没有个体意识。到中世纪时，人类的个体意识才开始展现，强调个性化和个人的独立与自由。对于一个人来说，在他从出生到死亡的整个过程中，其意识的产生和发展和对自我的寻找过程，都能在童话中找到原貌。深入理解童话故事可以唤醒人的睡眠中的意识和感觉，补充天生智慧的不足。人的个体意识在三岁左右出生，从那时起用"我"来称自己，一般在青春期时，开始发展和寻求自我，而人类发展出个体意识需要经过一个漫长的过程，所以，童话的开篇常常是"很久很久以前"，故事发展常常是"过了很久很久之后"。当故事展开之后，广阔的时间和空间便展开，童话故事的发展和变化正好反映人类的意识从出生到长大再到成熟的整个过程，它可以指引儿童在这个复杂的过程中找到捷径。**因此，传统童话中隐藏着人类深层的意识和古老的智慧，并具有强烈的号召力，唤醒儿童睡眠中的意识。**

以童话《白雪公主和七个小矮人》为例，白雪公主的母亲做针线活时，被针刺破了手指，看着滴在雪地上的三滴血，她希望将来有一个孩子，皮肤白如雪，嘴唇红如血，头发黑如乌木。女王对人类未来有一种理想的先知——新的人类将会自我控制、净化本性和敞开精神，那就是红、白和黑的象征。新事物降临的同时，旧事物即消失，所以，白雪公主出生后，女王就去世了。当白雪公主七岁时，她的继母从魔镜那里得知白雪公主是世界上最漂亮的人。七岁的孩子开始换乳牙，"自己的"身体已从遗传的肉体中挣脱出来，象征着一个人的身体完全"出生"。白雪公主作为新的力量出现，被继母代表的旧力量所排斥，继母甚至想通过吃白雪公主的心和肺来强壮自己。皇后的猎手没有杀死白雪公主，让她逃到森林里，白雪公主没有被野兽吃掉，却进入了小矮人的家，得到七个小矮人对国王那样的敬拜，这象征着白雪公主得到精神世界的引导，也展现了儿童崇高和典雅的精神世界。同时，白雪公主由于相信继母的花言巧语而遇难，也展现了儿童的天真无邪。

她的继母又问镜子谁是最美的人，当她得知白雪公主还活着时，她跨过七座大山来到七个小矮人的家，企图杀害白雪公主。白雪公主吃了有毒的苹果，像夏娃吃了禁果而离开天堂那样，她也将离开天堂般的儿童王国而进入青春期。苹果卡在她的喉咙里，她没有死亡而是暂时被隔离在了精神世界。最后，王子跨过七座大山来到七个小矮人的家，找到白雪公主，救了白雪公主并和她结婚。在故事中，精神像白雪那样转化为纯洁的雪花，从看不见的地方形成，并飘到人间，又悄悄地离开，回到看不见的世界，象征着精神个体从精神世界进入人的身体，身体死亡之后，精神个体又回到精神世界。

故事中的"三"滴血，"七"岁的白雪公主，"七"座大山和"七"个小矮人，"三"和"七"都不是简单的数字，"三"象征着人的身、灵魂和精神三维体，"七"象征着人以七年为一个阶段的周期性发展。任何民族的童话中都能看到如三、七、九等有神秘感的数字。

再来看看著名的童话《青蛙王子》。故事的开始是"很早很早以前"，意思是可以发生在任何一天。"有一位公主"，可以是任何一个人。"她是一个老国王的小女儿"，老国王代表了古老的时代，小公主代表了新生命和智慧。"公主每天都在玩一个金球"，象征着儿童时代每天的玩耍，即简单平凡的日常生活。"公主的金球掉到水里"意味着失去了古老的智慧。青蛙帮公主找到了金球，他提出答谢的要求时说："不要金银珠宝，只要和你一起吃饭和睡在你的床上。"物质对儿童来说没多大的意义。公主开始不履行她的诺言，老国王得知事情的经过后对公主说："既然答应了，就必须言行一致。"这是指引生活的方向。"青蛙挣脱被施的魔法后变回了王子，王子和公主结了婚，永远地过着幸福快乐的生活。"公主不能看出青蛙就是王子，是因为王子被施了魔法，暗含了真正的精神本质被人的阴暗面掩盖着。在国王的引导下，公主帮助王子挣脱魔法，象征着自我意识发展到极高，精神世界的大门就敞开了。

鲁道夫·斯坦纳解释说:"**童话就是精神世界的描绘。童话就像天使那样伴随着我们出生和成长,引导我们的精神来到这个物质世界,并进入人的身体进行协调,共同完成人的生命旅程,这样我们的人生可变成童话那样真正的心和灵的永生。**"如格林童话选集已经深入人心,是每一个儿童心灵的宝贵财富,成人通过这些童话而接触儿童的心灵深处。

童话是民族文化的结晶。童话通过打猎、砍柴、采药、采草莓和打鱼等日常活动,塑造理想化的象征人物,如公主、王子、国王和王后等;现实化的象征人物如渔民、农夫、鞋匠和石匠等,通过人类基本的生活活动,表达传统的生活方式,展现生活原貌,从不同的侧面反映人们的理想和生命的意义。

传统的童话汇聚了民族语言的精华,并通过口述代代相传。这种口述文化记载着最原始的文学和艺术。故事语言简练、易懂和流畅,其中还常有儿歌、诗歌、顺口溜和音乐等,对初学语言的儿童来说,童话故事就是最好的教材。

童话也是培养儿童想象力的最佳材料。讲述故事时,老师不仅仅是介绍故事的情节,更重要的是勾画一幅幅活生生的图像,让儿童"看得见",进而在脑海里创造自己的图像。老师常用木偶戏或布袋戏来表演童话,让儿童充分融入童话的世界里。儿童在听故事的过程中，默默地寻找相关的经历想象，塑造画面，感受与领悟其意义。这时生命构成力在"工作"，这股力量塑造了身体，并逐渐上升到感觉，发展到思考而促进创造。要求孩子们根据童话故事的内容进行绘画和表演，也是华德福教育极其重要的教学手段。

儿童的生活不能缺少童话，当他们感觉到被忽视、拒绝或伤害时，他们不能像成人那样理性地分析，而是发挥想象力，从童话世界中寻找安慰。童话故事可以帮他们打开一个明亮的空间，他们认同英雄人物的一切斗争，这种认同深深地印入儿童的内心世界，儿童暗地里把自己放在英雄的角色上，克服焦虑、惊恐、孤独和失望，根据自己的经历来塑造出乐观的影像。童话还能给儿童有关现代社会生活的意象，还把日常生活中复杂的分辨不清的事情简单化，帮助他们理清内心世界，塑造自己的梦幻世界。所以，童话是滋养儿童灵魂的精神乳汁，是希望和理想的启蒙，也是生活的良方妙药。

德国诗人和哲学家席勒这样谈童话：**"在我的童年中，童话告诉我的意义比现实生活的真理告诉我的更深刻。"**

# 7. 玩耍是最好的早教

儿童的玩耍就是他们生活、学习和工作的全部，玩耍又少不了玩具。玩具在儿童的生活中占据着重要的地位，买玩具给孩子是必要的，但是很多时候，父母买一些有害儿童的玩具，花钱花得没有意义。传统的玩具能给儿童无限的想象和创造空间，而且传统的玩具都是以天然材料制作，孩子触摸用木头制作的玩具或者用棉毛制作的玩具比触摸冷冰冰的塑料制品或铁制品，感觉更丰富。原本就存在条纹和美丽造型的天然玩具(如贝壳、松果、鹅卵石等)比光滑的人造玩具给人的感觉更加真实，而且自然的形状还可以帮助孩子塑造内在的器官。

孩子的玩耍就是艺术的创造，孩子拿起一根树枝、一把扫帚或一根木棍放在胯下，一会儿"嘟嘟嘟"地开起汽车来，一会儿又是骑着马儿在跑，过一会儿又变成了长枪。这个过程在儿童的脑海中经过了丰富的想象和创造，儿童学习创造就是在玩中学习，自然的物质是创造的原始材料。任何自然的物质到了儿童的手中，经过他们的想象都会变成他们心目中的东西，儿童有能力把"死"的东西变成"活"的东西。

一个星期天的下午，我带着我的两个孩子和邻居一个五岁半的小女孩去河边玩，由于河水太冷，他们没法下水去玩，不久就失去了兴趣，并嚷着要回去。因为是开了二十分钟的车才来到这里，所以我不想那么快就回去。突然我发现河边有些钓鱼线，我拣一些接在一起，找一根棍子拴起来做成钓鱼竿。"钓鱼了！"我吆喝着。他们一下子就来劲了，到处找别人扔下的钓鱼线和木棍，我帮他们拴好，在线的另一端又拴了一个小贝壳。于是，整个下午，他们都很开心地在那里玩"钓鱼"，而且还不肯回家。

儿童的玩耍少不了与人交流，儿童在传统游戏中学会语言、思考、技巧、判断别人的心理、与人相处、解决纷争、锻炼身体和大脑，并体验了生活。这一切都是儿童在玩耍过程中主动和全身投入而获得的。五岁以上的儿童经常会要求父母花更多的时间陪伴着他进行户外活动，如骑自行车、滑冰、玩雪橇和打球等运动。

儿童的玩耍就是社会生活的全部，儿童堆积木，堆好之后推倒，推倒之后又重新堆。社会生活就是这样，人们好不容易才建立起一个社会秩序，然后人们要变革并打乱这个社会秩序，打乱了之后重新建立社会秩序。游戏是儿童生活的重要组成部分，儿童在游戏中模仿成人，享受提前长大的快乐。游戏对于儿童来说是神圣的，这是儿童袒露天性的圣坛，也是儿童认识世界参与社会的预演。孩子们的游戏是时代社会的折射，也是成年人的行为写照。

我的太太送给孩子一个她亲手做的布娃娃，她花了一个星期的空闲时间一针一线地缝这个布娃娃。这个布娃娃的衣服很漂亮，头发是用毛线做的，身体是用纯羊毛和棉布做的，脸上只用线缝了三点，代表眼睛和嘴（在美国的商店买这样的一个纯天然的布娃娃，得花五六十美元）。女儿特别喜爱这个布娃娃。

有一天，我坐沙发时无意中压到这个布娃娃。"索菲亚（她给布娃娃起的名字）正在睡觉呢。"女儿叫起来。我赶快向她道歉，但是，女儿还是哭了起来。她很生气地抱着索菲亚回她的房间去了。不久，她出来说索菲亚被我压伤了要贴创可贴，我进去房间一看，她已经在布娃娃的额头上贴了一块胶布。有时，我割破手，或者有人意外受伤的时候，四岁半的女儿也会像安慰索菲亚那样来安慰受伤的人，并帮着找创可贴。我们家的创可贴成了她的万金油，什么病痛都用创可贴治疗。

模仿电影电视的镜头似乎也是孩子们的天性。很多三十几岁的人还记得在孩提时代都玩过敌人进村和打游击的游戏，在游戏中用绳子挂起一条木棍当枪，攻打敌人，喝令"缴枪不杀""举起双手"，有时还骑在树上使劲地摇，嘴里"呜呜"地叫着飞机来了。令人担忧的是，现在的孩子不仅仅是手里拿着按比例缩小制造出来的"自动武器"，模仿着"魂斗罗"，对着任何人都"勇敢"地"扫射"，甚至用真正的武器来"解决"自己不满意的人和事。这样的游戏造就了像美国哥伦布拜恩学校的"小枪手"枪杀同学和老师那样的悲剧。

过去，孩子可以把一根棍子当作马，骑在上面；或当作长枪；或当作鱼缸；或当作箭。这都是孩子靠想象力赋予物质的意义。在机械和电子时代，儿童只是被动地接受，或者被动地跟着机械和屏幕转，人的基本功能没机会得到很好的发展。今天，教育专家、家长和老师都发现很多的孩子一旦离开电子游戏机、电脑和电视，就不会玩耍了。这是因为缺乏现象力，不能把身边的东西变化成自己的玩具。儿童的想象能力和创造能力在不断地下降，引导孩子进行健康的"玩耍"已经成了我们现在要面对的重大挑战。

以下是一个健康发展的儿童在游戏行为中的表现：一名四岁的女孩在一片树皮上放了两块小石头，说着："我有一只小船和一名船夫。"可是当她走到你的面前时，也许会对你说："我送你巧克力和糖果。"将小石头放在你的手里，她手中的那片树皮过了一会儿又变成小矮人房子的屋顶了。一张小凳子可以当娃娃的炉灶，一会儿又可以变成饲料槽，倒过来放，则又成了娃娃床或火车车厢。这些例子都显示了孩子在此年龄具有一种特殊的能力，就是能运用周围的一切东西。他们能通过想象力，可以把每种东西变成新的或"活"的东西。

孩子在整个儿童期，尤其是第一个七年内，最重要的一项活动便是成人认为的"玩耍"。华德福教育的创办人鲁道夫·斯坦纳博士就创意玩耍活动做了专门的研究和演讲。他向教师和家长们指出："创造性的玩耍可以是孩子获得高度喜悦和满足的一个源泉，因为它使活动与生活变和谐。孩子在玩耍中模仿身边的生活，并且将他们体验、想象的事情以一种梦幻的方式组织在一起。"我们中间又有几个人没看过这样的孩子玩耍的情景呢？一个孩子对另一个孩子说："你是妈妈，我是宝贝儿，你可以是妹妹。我们要去睡觉了，然后我们要起床去学校。我是老师，你就是孩子。你可以坐到这里。"

洛伊丝·库斯特在她的《华德福家长手册》一书中说到，游戏和幻想来自于孩子对不断变化的外部世界的感知和充满愉悦的联系中。她描述玩耍在身体方面对孩子的重要作用时说："**玩耍从孩子自身的运动观念开始。儿童时期的最开始的游戏总是与身体相关联的，并且对有节奏的活动有一种不可探知的内在作用，例如：呼吸**

的交替，循环流体的有节奏的流动，物质的形成与排出。搭起与推倒一个玩具塔的过程，正是出于内在的合成与分解，出于永不停息的新陈代谢。这也是孩子自身给体内补充给养的过程，同时强化其消化器官，适应从奶到流体食物的过渡，并且也会学着在社会认可的地方处置其废物。"

克里斯女士在其《玩耍中的孩子》一书中也强调了小孩子的学习体验的深度作用。根据克里斯所述，小孩子完全生活在模仿中。因此，很小的孩子甚至可以被看作一个整体的感觉器官。孩子在玩耍时也远比工作中的成人更专注，更投入。

华德福学前教室的玩耍材料应有助于激发孩子将他们所体验的事情融合到一起。他们神奇的玩耍能力反映在对他们触手可及的材料的灵活运用上。因此，玩耍材料越有可塑性，孩子们将其运用到"工作"中的方法也就越多种多样。

# 8. 给孩子天然的玩具

鲁道夫·斯坦纳认为：**"幼儿期的玩具必须是能培养孩子的想象力的，因此，越简朴的东西越好。"**相较于市面大量的已呈现具体形象的玩具，华德福幼儿园中的玩具和用具尽可能取自于大自然的素材，如贝壳、木头、石头、树枝等等，没有一样经过成人的修饰，还有花花绿绿的丝绸、纱布和棉布，那些洋娃娃、动物、天使和风景都只有一些象征性特征，如洋娃娃们的脸部只用线缝了三点代表眼睛和嘴，有的就没有五官。这些"未完成玩具"可以留下足够的空间供孩子们去发挥丰富的想象力，去想象没有完成的部分。如果孩子拿着和真人一模一样的玩具，就失去了想象的空间。

不提倡孩子使用塑料玩具或精致的玩具，比如芭比娃娃，越来越多的孩子认为芭比娃娃或者睡美人就是理所当然的美女的标准，越来越多的孩子在画画的时候，跳不出他所玩的玩具的框框。精致的玩具无法提供给孩子想象空间。一个很残酷的现实是，孩子对于越是漂亮的玩具，感兴趣的时间就越短，玩这些玩具的时间就很短暂。那些塑料和铁皮制品玩具，确实没有一样能让孩子长时间感兴趣，而高质量的木头或布制品的玩具，可以让孩子从小玩到大，始终很喜欢。

最好的儿童玩具是父母亲自动手用天然材料制作的。可以用木头、竹子、藤之类的天然材料做玩具，自己制造的也许会粗糙一些，但对孩子来说，这些玩具保存着最自然、最真实的一面。孩子在触摸时，会对它们自然的组织与形状产生深刻的印象，而这种印象最能直接影响孩子的内在。所谓"自然的微调"，是指从天然的素材中，感受到自然的生命力。这种真实和具有创造性的体验"克服环境中许多具破坏性的事物"，能帮助孩子在今后的生活和工作中，获得自己独特的感受和思维。

用布和羊毛做的娃娃，不会很精巧，甚至很多都没有眼睛、鼻子，但只要能够显现人形并充分激发孩子的想象力就足够了。我们给孩子一块布，让他们自己玩过家家的游戏，正是给他们一个自己填空、创造的机会。给孩子的玩具要都具备一种"可塑造"的特性，可以以各种方式被创造性地使用。

给孩子制造简单的玩具时，成人得有些创造力。对于很小的儿童，简单的小玩偶用布块做成，打成结，重点表现头和手臂，反映出这个年龄段孩子的自我意识中心在哪里。对于稍大的孩子，玩偶有了整个身体，脸部的一些特征也比较清晰，但脸部表情依然应该非常简单，这样更适合年幼的孩子。一块大约一米长的平展的布条可以被用来表示一条小河、一个房顶、一条便道、一张毯子；再小一点的布块可以代表一条裙子、一顶帽子、玩偶的毯子或一个蓝色的池塘；一个神奇的小树杈可以是一间房子、一座城堡、玩偶的滑梯或一只船。

天然的玩具还有很多：

（一）**羊毛（或棉花）、布料和天然植物染料**：利用羊毛和棉花，可以制作简单的布制娃娃，提供给孩子温暖感。不需要过多的精致的装饰，孩子会用自己的想象去装饰自己的玩具并呵护它。利用羊毛和棉花也可以制作一些生活用品，比如笔袋、小毛鞋等等。另外，利用白色的羊毛或棉花还可以让孩子学会自己染色，用蜡块或者天然植物染料，让孩子明白色彩的来源，并可以自己去制作精美的东西。

（二）**蜡块**：蜡块以蜂蜡做成，加上天然植物色素，用来给孩子画画。蜡块天然、无毒，即使孩子无意中咬了也没有关系。目前市面上的蜡笔和蜡棒都是工业蜡制造，而且含有对健康不利的色素。孩子涂鸦和画画最好用天然的蜡笔，如德国 Stockmar（史都曼）系列或 Mercurius（莫丘利）系列。

**（三）蜂蜡**：蜂蜡是给孩子捏形状的最好的东西，类似于橡皮泥。由于蜂蜡的特殊性质，它必须在一定的温暖程度下才可以被捏造和塑形，冷却后便将形状固定下来，因此通过蜂蜡，可以让孩子体会温暖感。用自己的手去温暖蜂蜡，让孩子学会呵护他人的感受；而在捏蜂蜡的过程中，由于需要比捏橡皮泥更多的力气，所以孩子需要努力去工作，从而会特别珍惜自己的工作成果；冷却后的形状，让孩子直观地看到成果，体会成就感。蜂蜡作为一种特殊的材料，可以替代橡皮泥，并为孩子在小学时学习泥塑打下扎实的基础。

**（四）沙子和水**：每个孩子都会喜欢在沙池或者水中泡上一天，沙和水是最经济和孩子最喜爱的玩具，甚至是孩子必须要玩的玩具。

**（五）木头**：可以是日常的木头，或者积木等。孩子会很享受利用木头来搭自己梦想的东西，而最简单的木头能够激发孩子最丰富的想象力。孩子可以搭房子，可以在房前屋后随意安置东西，有小熊的家，有停车的地方，想象力比原来更丰富啦。

（六）还有其他很多传统活动，比如剪纸、包粽子、做农耕、和面团等，都以天然的材料让孩子了解节日和节气。

## 9. 儿童玩具的意义

现代人生活在工业发达的城市里，享受着现代汽车、手机、电脑、高铁等高科技的产品。生活变得方便快捷的同时，人们时常回想农村清新的空气、清澈的河水、自然生长的野果和绿色有机食品。很多孩子有堆积如山的玩具和电子产品，沉迷于游戏和网络里，让家长焦头烂额。人们常常看到几个孩子在一起的时候，各玩各的电子产品，离开了电子产品，孩子们不知道如何互动和社交。大人聚会的时候，孩子们无聊地等待着，或用手机和游戏机打发时间。孩子玩什么、如何玩已经成为一个大问题。

我们的童年是没有现成玩具的时代。我们会用树杈做一个小弹弓；用树干削一个小陀螺，用旧鞋带抽或用箍木桶的铁丝环推着走；在村里打谷场的草堆里玩躲猫猫；有时还会分成两组"抓俘房"；偶尔也玩一下丢手绢。我们的童年有自己的小伙伴，有自己的游戏，在这些游戏中学会协调、合作、解决冲突和了解对方的体能和心理，我们就这样无声无息地健康成长。原来，美好的童年生活，不需要现成的玩具，可以就地取材自己做玩具。

自己做玩具或父母给孩子做玩具对孩子来说意义重大。就地取材做玩具，首先要求孩子必须具备创造力和动手能力，通过自己做玩具，孩子的生活和应变能力也提升了；其次是建立起和玩具的链接。自己动手做的玩具，又能让自己比较满意的，如同自己生的宝宝，使孩子对玩具产生感情。我的孩子在露营的时候，随手捡来一根树枝，削成一个他称为像哈利波特的魔棒那样的东西。他自己睡觉怕黑，这根魔棒放在他的床头，他就不怕黑了。看来，能起到这样作用的东西是买不来的。

父母动手给孩子做的玩具也有类似作用。女儿在一岁半的时候，一位学习华德福幼儿教育的朋友送了亲手做的布娃娃给女儿，女儿高兴得不得了，整天抱着这个布娃娃，并给她喂饭、刷牙和换衣服，每天都抱着睡觉。之后，别人送的来自商店里的娃娃和动物等等，都不会引起女儿的兴趣。在她四岁的时候，在一次坐火车时弄丢了朋友送的布娃娃，她感觉到非常的伤心，晚上睡觉好像缺少什么似的。后来，我们重新做了一个布娃娃送给她，这个娃娃陪着她睡觉，直到她高中毕业。她上大学前，清理自己的房间，把不要的东西送人，要的东西留下打包放好，我发现有一个包收集了她小时候玩过的玩具。

## 这些玩具共同的特质

（一）是认识的人亲手做的

（二）是自己动手做的

（三）用天然和自然的材料做的

（四）如果是商店里买的，也是质量比较好的手工作品

孩子之所以留下这些玩具，是因为跟这些玩具建立了"链接"，加拿大心理学医生戈登·诺伊菲尔德（Gordon Neufeld）称其为"attachment"。有了这种链接，这些玩具才承载着她的童年记忆。

童年的记忆很多时候是不可靠的，需要一些载体。这种现象的术语为幼儿期失忆，由弗洛伊德于1910年提出，专指成年人对七岁以前记忆的不确定。早年的记忆被藏在了大脑的某处，只需一个线索来将其找回。与自己的童年建立起链接的玩具会成为一个重要的线索。通过这些玩具，人们把对当时当地的场景、声音、气味和触感等的记忆给揪出来。

纽芬兰纪念大学的心理学家卡罗·彼得森曾讲到，她不知道为什么儿子会记得一些没什么特别的事情，有些事情在家人聊天

时也从未被提起过。为了弄明白为什么有些记忆要比其他记忆更牢固，她和同事再一次对儿童的记忆进行研究。他们得出结论：如果把对事件的记忆和有感情色彩的物质联系起来，记得的可能性将提高三倍。

现代孩子的玩具大都是质量差的工业产品，孩子拥有无数的卡通人物、恐龙、怪兽、枪支、坦克和飞机大炮等廉价的塑料和铁皮玩具，这些玩具一般质量都不好，孩子也不会珍惜这些玩具。孩子无法跟自己玩的东西建立起链接，尤其是质量差的塑料玩具，容易坏，坏了就被放在一边，孩子再也不会去碰它们了。孩子大了之后，对自己玩过的东西没有任何的怀恋，对童年的记忆缺乏一些承载物，孩子因此也没有历史感，对住过的旧房子、旧建筑和文物等记载着历史的东西没感觉。于是，很多历史古迹被所谓的开发和建设而破坏，历史会成为富裕之后却被遗忘的东西。

因此，能够自己做玩具就不买，即使购买现成的玩具，也要买质量好的玩具，哪怕只买一件。质量好的玩具不容易坏，孩子会更珍惜它们。孩子珍惜玩具，才能跟玩具建立起链接。孩子小时候没有体验过什么是高品质，长大成人之后，也不容易做出高质量的东西。

第三部分

# 从华德福学校到华德福家庭

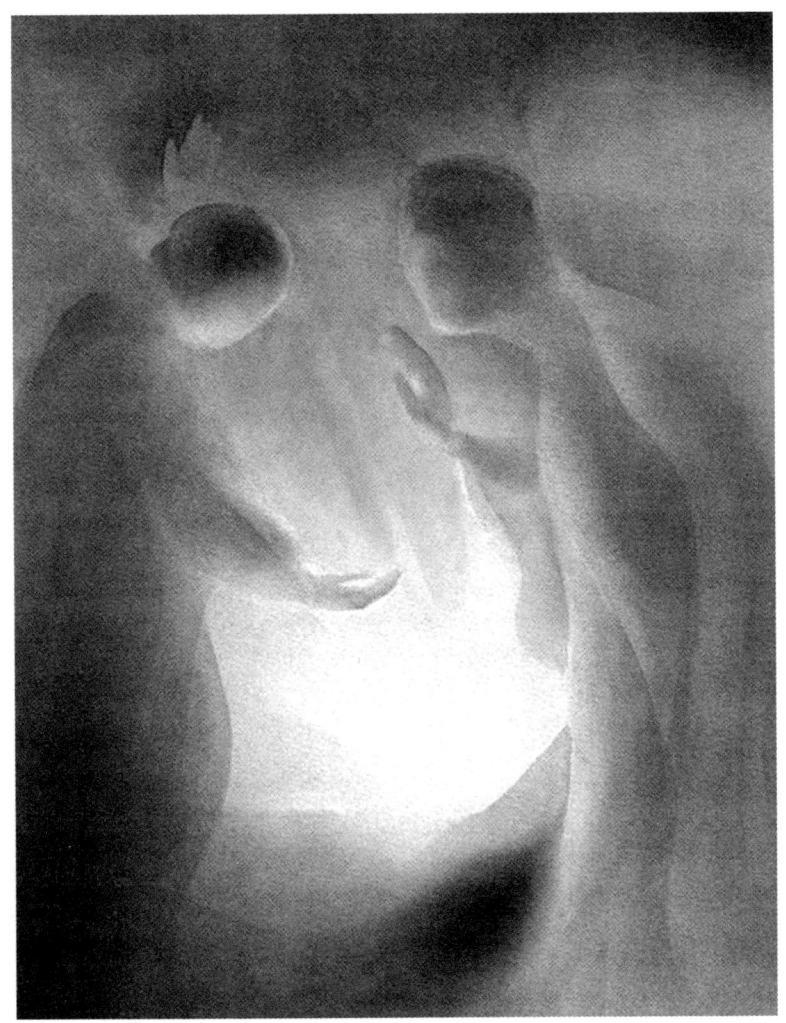

# 1. 家长对学校的认识

一般都是妈妈比较关心孩子的教育，并四处寻找适合孩子的高质量学校。就算孩子上学了，家庭教育也并没结束，因为孩子一年里还有四分之一的时间是在家庭里，在学校的时间不超过四分之一。家长不应把孩子的教育责任全部托付给学校，家庭中的成人无论如何都一直是孩子的榜样和老师。

当妈妈喜欢上华德福教育之后，她会尽一切可能让孩子上华德福学校或幼儿园，哪怕这所幼儿园或学校还是在起步阶段。开学前，爸爸和妈妈都坐下来满怀期待地等待着，爸爸手里拿着学校的宣传资料，妈妈拿着一个问题清单。他们来参加初次面谈，满怀期待地希望这所学校能让他们的孩子茁壮成长。

整个面谈过程中，他们都很专注，并提出敏锐的问题。显然，他们仔细阅读过学校的文章，而且在招生介绍会上仔细地聆听了那些信息。他们都很关心孩子的教育，喜欢华德福学校，并且对未来充满希望。这可能是爸爸最后一次在对这所学校的关系上表现得和妈妈如此相似，因为，起初都是爸爸反对，或妥协性地支持妈妈把孩子送华德福学校或幼儿园。

随着时间的推移，妈妈常常定期走访学校，获取多种信息，并全力帮助学校的发展，而爸爸与学校的接触则断断续续。妈妈们更倾向于阅读学校的新闻快讯，并定期与其他家长和老师沟通，因此他们对学校生活的特殊方面越来越熟悉。"滋养""成长""气质"以及"节奏"这些字眼对她们来说具有了新的含义。妈妈们参与不少工作坊和培训课程，对华德福教育的核心理念变得非常熟悉。爸爸们，则出于各种各样的原因，常常和孩子一起待在家里。

随着妈妈们逐渐地理解并欣赏华德福学校，她们开始改造家庭生活，使之与学校生活更加和谐。玩具开始变了：塑料玩具被清理出去，自然和天然材料的玩具被搬回家里来，家里的编织篮子里面突然装满了松塔、坚果和石头。孩子的衣服也变了：没有了图案，以素色为主；孩子们穿的衣服比以往任何时候都多了，小孩子们开始全年戴帽子和穿羊毛内衣。

这些改变都是显著的，更是健康的。然而，在这些改变的决策当中，爸爸常常被边缘化，不太理解这些改变有什么意义，这可能会带来一些困难。妈妈们也不太理解许多爸爸们考虑的问题是不同的。爸爸们不愿意积极参与学校活动常被指责太物质化，缺乏成长的动力。无论如何，与普通学校学生的爸爸相比，华德福学生的爸爸们都更加关心孩子的教育，更注重滋养孩子，也更加愿意参与到孩子的生活当中。

在这里也要提醒学校的老师们，你们对华德福教育的一些做法的解释，必须能够让家长尤其是爸爸们接受。一般向妈妈们介绍华德福教育的工作都做得特别好，因此妈妈们都理解，但爸爸们的体验与情感是不一样的。老师需要找到一个与爸爸们沟通的适宜方式。

爸爸一般对孩子的未来比较关注，容易提出一些比较现实的问题，如华德福教育能否让孩子跟传统接轨？孩子能不能立足未来的生活等等。我就这个问题回答过无数遍了，我是这样回答的：

我们的孩子们目前面临着很多的问题：环境、社会、经济和政治各个方面，将来也会有这些问题的存在。解决这些问题肯定比从多项选择题里选出正确答案要复杂。学生必须拥有更卓越的能力去解决连今天都没有的问题，因此，孩子的能力里面还必须融入想象力和生命力。想象力帮助他们以新的方式看问题，并且能够预见解决方案的全面影响；生命力能够赋予他们解决问题的决心。这些能力才是我们的孩子未来所必需的，华德福教育寻求在孩子身上培养的正是这些能力。

此外，孩子们还需要一定深度的情感和情绪韧性。我们需要让孩子们的情绪更有韧性，使他们足够强壮，能够担当，同时还要足够敏锐，懂得如何做出让步。更重要的是他们还需要感觉到自己并不孤单，而是有一个精神世界在积极地支持他们。实践华德福教育的老师坚信，物质世界仅仅是现实的一部分，而生活是处于物质世界和精神世界之间，两个世界同等真实。

## 2. 如何培养孩子的想象力

说到想象力，很多人会马上想起电视上看到的那些层出不穷的搞笑花样，并认为是想象力丰富的结果。很多老师在抱怨孩子缺乏想象力，对学生大面积的创造力缺失也感到沮丧。我们不禁追问：孩子的想象力到哪里去了？

其实，富有创造力的前提是具有丰富的想象力，但是，富有想象力未必就有创造力，因为，把想象力转化为创造力，需要一个艰难的教育过程。人们对这个教育过程有很多争论，有人认为创造力"教"不出来，是培养出来的。那么，创造力又是如何培养的呢？这样一来就带出了各种教育理念的差异，而造成差异的本质原因是人生观不同。如何教育我们的孩子，关键看我们如何去理解生命以及什么是孩子生命中最重要的。不是发现孩子缺什么，就教什么。如果我们认为财富和成功是生命中最重要的，那么教育自然会走向这些方向；如果我们认为生命中最重要的或许是一些非物质的事物，比如，孩子的创造力、爱的能力和自由，能为自己和他人负起责任，那么教育过程则会完全不一样。

对零到三岁的孩子来说，生命中最重要的事情是吃饱、睡好和得到足够的爱和温暖。有父母的陪伴，并从中得到足够的安全感和温暖感，小生命自然而然展开，像花那样绽放，比任何方式的教育都重要。这个阶段的孩子会展现两种新的能力，使他与周围事物产生明显易见的新关系，那正是孩子的想象力和记忆力。三岁到五岁也是孩子充满想象力与即兴游戏的时光。

孩子天生是一个具有丰富想象力的玩家，所有的孩子都渴望自由玩耍，在游戏中他们才可以表现自己快速萌芽的想象力。如果父母能充分了解到这一点，知道如何选择玩具和让孩子充分投入玩耍，即使家里条件有限，也都有很大的空间可以操作，关键就在于父母本身具有想象力，并且真正懂得孩子需要什么。缺乏时间和机会充分地投入玩耍的孩子，想象力即使不枯竭，也只能停留在梦游状态，想象力也不能转化为创造力。创造力不是老师教的，是孩子通过充分地投入工作（玩耍）而积累的经验和灵感。

对于孩子来说，玩耍是他们生命中最有意义的工作，当幼儿学会爬行或走路时，就开始了真正意义上的"工作"了。他们会开始喜欢探索身边的事物；喜欢跟在妈妈的身后，妈妈做什么他也要做什么，厨房里的锅、瓢、匙、碗都可以让他玩得不亦乐乎；有时也要学妈妈洗衣服；有时学着大人的模样打扫；有时妈妈才整理好的东西，又被他搬上搬下。幼儿最大的快乐在于可以自由活动和自由操作真实的家庭生活用品，而成人工作的用意和目的，对孩子来说根本没有意义。如果妈妈在做家务的同时，也让孩子参与帮忙，那就是在生活中从事教育，通过孩子的玩耍来教育，培养孩子的创造性。

如果孩子的玩耍就是他的工作，他们的玩具就是创造的工具。所有在大自然中可以看到的、能找到的东西，或是手工制造的简单的木偶、娃娃、小动物等都是最适合幼儿的玩具。因为孩子们与这种自然物质做的玩具接触时，会对自然的组织与形状产生深刻的印象。孩子所接触的事物应该具备可变化性，以不完整或原始的形态呈现，能给孩子的想象力发挥的空间，而不致使孩子的想象力枯萎。现代工业化的玩具是最能消灭想象力的武器。

我在夏令营中给孩子们讲了一个童话故事，然后让孩子们根据他们对故事的想象随便画一个图景。没有上过华德福学校的孩子，画树时都是竖画两条线，再在顶上画一个圈；童话故事中的老鼠，全部是卡通的米老鼠。可见，树的画法成为一个统一的标准，而卡通的米老鼠是电视和卡通书给他们创造的图像。可以肯定地说，如果孩子从来就没有看过电视和卡通书里的米老鼠，他们画出来的老鼠绝对是各种各样的。

电视是扼杀孩子想象力的最大规模武器，这还只是在讲想象力，没提及健康问题。已经有许多科学研究完成了电视对孩子的影响评估，也都证实了从电视屏幕上发散出来的辐射线有害健康。另外，长时间紧盯着屏幕看，在视觉上是最被动的活动之一，因为眼睛简直就没有动。不仅如此，孩子的专注力也会受到破坏。另外，电视不但对神经系统有负面影响，也对孩子的社交能力和沟通能力产生破坏。孩子到了这个世界，要靠着视觉和听觉真正体验这个世界的缤纷多彩，那么他就需要真正能"看"的眼睛和真正能"听"的耳朵。嘈杂刺耳的噪音、大人吵架时的丑陋表情、难看的俗艳颜色等，都会持续地轰炸孩子的视觉和听觉。

很多打着"开发智力"旗号的动画片、教学软件和儿童类电视节目，其实都不适合幼小孩子。对于七岁以下的孩子来说，能避免电视是最好的；但是对于七岁以上的孩子来说，可以适当观看好的电视节目。依靠电视和软件教育孩子已经被科学家否定了。如果把电视当廉价保姆，就对不起宝贵的孩子了。在很多时候，父母只是为了解放自己而打开电视，因为一天上班下来，身心疲惫，如果被孩子纠缠，实在应付不了，只好把孩子交给电视这个"保姆"。但是我们要知道，在孩子小的时候，如果我们没有和他建立一个良好的沟通渠道，那么等他长大以后，特别是叛逆的青春期来临的时候，即便我们想和孩子沟通、讲道理，也已经来不及。在孩子小的时候，最为有效的沟通方式、最能开拓孩子想象力的方式，就是和孩子在一起，一起游戏，一起阅读。

另外一个让孩子丢失想象力的原因是家长过多关注孩子。现代人讲究高效而变得非常忙碌，既然孩子的玩耍就是工作，父母也想让孩子的玩耍变得更有效率。因此，父母们为了孩子玩的内容和花样绞尽脑汁，如果孩子显得无聊就觉得对不起孩子，也为孩子的无聊难过。事实上，孩子必须有自己玩耍的时间和空间，如果孩子的玩耍全被大人安排，他们就不能把吸收的知识和经验通过玩耍再现。具有创造力的孩子，会创造出玩的内容和新花样，玩耍中不断地找到乐趣，很少感到无聊。被大人安排的孩子，一旦停下来，就会感到无聊，他们的想象力也无法成为创造力。如果孩子陷入一种玩的方式出不来，这个孩子不是自闭症，就是上瘾（如对电子游戏上瘾）。

## 3. 电子毒品如何毒害孩子

我们生活在一个电子娱乐的时代。我们被电视机、DVD 机、CD 机、IPad、电脑和智能手机包围着，几乎任何时刻，我们按个按钮就可以娱乐自己，并且我们也确实常常按那些按钮。早晨起来第一件事和晚上睡觉前最后一件事都是看手机，开车上班的路上、午餐休息时、晚餐时、晚上睡觉前大都会刷一下屏，浏览新闻、看最新的天气预报、听音乐以及看连续剧或自己喜欢的电影。让自己被娱乐、被灌输信息成为日常生活的一部分，并且我们认为是理所当然的。

**所有这些娱乐方式的成本都很低廉，或看起来是；但实际上，我们和我们的孩子可能会为之付出巨大的代价。**

举一个例子，我们可能会遭遇"心魂的消化不良"。正如我们的身体会消化食物一样，我们的心魂会消化感觉、印象、体验和思想。这个步骤发生在夜里，这时候我们睡着了，不再（或很少）摄入其他的印象。

我们从刷屏当中获得的心魂的刺激，或者说心魂的食物，力量非常强大。如果我看一场电影，那么连续三天我都会受到它的影响；我从手机里听到的铃声，假如我碰巧夜里醒来的话，它会回荡在我的头脑里。我们接收着巨量的这种强有力的刺激，有些是自己选择接收的，有些是不请自来的。我们每天的生活中其实已经弥漫着焦虑因子，夜间的烦躁不安，可以说是"心魂的消化不良"的症状。

同时，我们的指尖可以随时触及的这种娱乐威胁到了心魂的三种必需活动：思维、情感和意志，而这三种活动恰恰是我们的人性的根基。

如果一个人能构建生动的思维图景，那么我们就说他有"良好的想象力"。这种良好的想象力对于创造性思维来说是一个重要的元素，它可以帮助我们找到新的、原创的解决方案；同时，因为它能够让我们进入他人的心魂里，并且体验到做另一个人的感觉，所以它还能够让我们心胸宽广并且能够容忍。然而，这种丰富的、生动的想象力却会被我们从外部接收到的图像所破坏，如果我们总是不停地从外部获取图像和思想并竭尽全力去消化它们，那么我们的想象力、创造力和推己及人的能力就会变得迟钝。

当我们在生活中体会到某种情感，如喜悦、恐惧、希望、悲伤，并且与之共鸣的时候，我们的心魂就得到丰富，而我们就受到了"鼓舞"。与这种"心魂的财富"伴随而来的，是深切的、牢固的满足感和内在的平安。如果我们沉浸在电子娱乐当中，那么我们的情感体在对虚构的、想象的情形作出响应，我们的情绪从外部被诱发和被操纵着。这样，我们就开始丧失对真实的人和事的感知力，缺乏做出恰当响应的能力，还会丧失内在的平安。因此我们永远都不满意现在的生活，总是渴求更多的刺激，让我们能够感觉"充满活力"。

在享受电子产品给我们带来的方便时，我们所需要做的只是坐在那里被动地吸收，我们不必运用我们的意志，意志因此而萎缩。当然，电视、广播节目、录像、电影和游戏等的制作过程是需要想象力、灵感和创造精神的，并且有些也的确能够刺激我们的想象力，丰富我们的情感生命，并引导我们做出积极的行动；但是如果我们不假思索地使用电子产品娱乐自己，我们自己的思维能力、情感、以及意志就会受到威胁。

为了清楚理解电子产品对我们的影响，我们可以尝试进行一次媒体斋戒。一个愉快的、无痛苦的斋戒方式是去野营。花一个星期或更长时间，到一个没有电子设备的地方，安静地待在大自然里，开始洗涤你的心魂生命，享受这种平安的感觉，它能够让你的假期无比清新。当你回到电子社会的时候，记住不要出于习惯或仅仅图方便而去刷屏。你可以刻意地选一些时间来刷屏，并仔细观察它对你的思维、情绪和首创精神方面的内在生命的影响。你可能会发现，你自己的思想现在被你观看的电影或新闻里面的观点控制了；你围着篝火唱的那些民歌和小曲被收音机里或广告里的铃铛声取代了；你为晚餐炒一盘特别的菜，或写一封信，或出去散散步的兴味更少了。

使用手机造成的"心魂的消化不良"不仅会影响我们内在的心魂生命，而且同样会影响我们的社会互动。在歌德的童话《绿色的蛇和美丽的百合》里，有这样一段对话：

□"你从何处来？"金色国王问那只蛇。

□"我从黄金所在的裂缝中来。"蛇说。

□"比黄金更壮观的是什么？"国王问。

□"光。"蛇回答说。

□"比光更清新的是什么？"他说。

□"话语。"蛇回答说。

人类的对话可能是我们最宝贵的艺术，但现代媒体几乎充斥所有空间，人与人的对话越来越少。最近，我注意到了过去闹哄哄的餐馆和酒店现在普遍比较安静，我观察一下，发现不得不"感谢"手机带来的魔力，很多人不跟坐在对面的人交谈，而是各自通过手机和远在天边的人交流，这样的奇葩事情人们已经习以为常了。每当我们几个朋友一起吃饭，我们都同意一个规则，从坐下来到离开之前，谁动手机谁就买单。这样的尝试，非常有价值和意义。

有些成年人成长的时候没有手机、电脑和电视，也许未能清楚认识到今天的孩子们从一出生开始就被各种的电子产品包围这意味着什么问题——**孩子们正在发育的想象力、思维能力、创造精神和内在自由，和我们的思想自由一样正在被简单、快捷的信息扼杀掉。**今天的孩子们能不能体验到自己的思想世界、感受到自己的情绪、并给自己找到人生的方向等都是至关重要的问题，每一位家长和老师都应该认真对待。当孩子过多使用电子产品来娱乐的时候，孩子们是被动的，容易被控制的，因此，他们很容易对现实生活的情形、人际关系和活动感到不满。他们喜欢从外部被娱乐，并且很大程度上已经丧失了自己进行创造性玩耍的能力。这种负面影响在青少年身上比小孩子身上更明显。

为了我们自己，也为了我们的孩子，我们需要敏锐地意识到电子娱乐给我们造成的危害。我们需要回归过去，向过去的人学习娱乐和获取信息的活动和能力。

## 4. 华德福教育和精神信仰

华德福学校是建立在鲁道夫·斯坦纳的人智学基础上的，人智学是研究人的智慧和探索人类意识的演进的学问。不过，华德福学校既不教人智学也不讲宗教，只是教我们的学生探索各种问题，包括创世、善与恶、星光灿烂的宇宙外面是什么，以及未知的暗物质、心魂世界等问题。华德福教育把这些问题埋藏在课程当中，寻求通过研究神话、文学、历史、科学和艺术的方式，来激发学生的求知欲，以及对这些问题的思考与讨论，希望为学生们营造一个氛围，鼓励他们求索自我知识和生命最深的秘密，而不是排斥这些东西。

华德福教学还通过艺术让学生与美建立起联系；通过研究科学让孩子追求对真相的理解。从美和真出发，培养出道德感和对生命的崇敬，这将引出关于存在的问题。

历史课让学生体验古代文明的发展旅程。他们研究古希伯来历史、北欧神话，古印度、波斯、美索不达米亚、埃及、希腊和罗马文化。到中世纪和文艺复兴的时候，他们就从早先的探索过程中产生出关于道德的问题。到八年级的时候，他们还会遇到许多高贵的和许多堕落的英雄，以及许多探索人类和宇宙天性的问题。

华德福教育通过丰富的课程让学生浸在伟大的文学、艺术和科学的世界当中，努力在学生的内心里面唤醒"了解自我"的渴望，希望让他们自由地进入世界当中，在服务人类的过程中去探索、发现自己的信仰和使命。在这个旅程中，每个人都能找到意义、喜乐和对生命的崇敬，使自己的物质身体与他或她的精神本质重新联合。

全世界的华德福学校都庆祝生命的周期。生命本身会通过一年当中的自然节奏以及多年形成的节日向我们诉说，我们都渴望通过记住并庆祝这些重大事件来感受喜悦并体会生命的意义。各个节气标志着一年当中的转折点，全世界各种文化都有针对各个节气的节日，用来表达自然当中所蕴含的内在的智慧。

"宗教"这个词派生自拉丁文 *re-lig-io*，意思是"重新联合"，它表达的是人类对意义和从哪里来到哪里去之类普世问题的探索。整个人类历史上，来自各种文明的人们都问过这些问题，"我是谁？""我在这里干什么？""做人的意义是什么？"

"宗教是什么"至今仍是一个热烈争论而没有一致答案的问题，任何一个人试图建立起一个宗教时都难以取得学界的共识。所以许多宗教学论著干脆把这个问题抛开，仅仅按照自己的理解进行撰写。由于多数宗教学著作描述的对象都是已被公认的宗教，如基督教、佛教、伊斯兰教、犹太教、天主教和印度教等，所以这些著作的合理性一般不会遭到质疑。

任何一个被定义的对象都处于许多相互关系之中，人们可以从每一种关系出发来揭示该对象的本质。如果在定义中再加上主观的好恶等感情色彩，那么，对于同一对象所做出的定义就会出现无法克服的分歧甚至抵牾。鉴于宗教在各种社会存在中的特殊状况，要取得一个信教者和不信教者都能接受的定义几乎是不可能的。把华德福教育定义为有"宗教色彩"，就等于把某些活动定义为宗教活动，把华德福教育中的活动跟那些活动相提并论。

我认为这样的结论太草率，毕竟"宗教是什么"至今在学术界和宗教界都仍是一个热烈争论而没有一致答案的问题。其次，已被公认的所有宗教都有自己的戒律、教义、教条、仪式、活动特征和组织形式，从这几点看来，华德福教育却没有自己的戒律、教义、教条、仪式、活动特征和组织形式，虽然有人把华德福教育教条化、形式化和仪式化，却没有被华德福教育同行认可，因此，也成不了华德福教育的清规戒律。

如果说华德福教育有宗教色彩，必须指出是基督教、佛教、伊斯兰教、犹太教、天主教或印度教中哪个宗教的色彩。所有宗教都有探索真善美和未知世界，难道因为华德福教育探索真善美就有宗教色彩吗？其实，任何宗教的核心都是让人在生活中体现出善的、美的和真的东西，如果有人体验到华德福教育和华德福学校中有善的、美的和真的东西，就说他们有宗教色彩，那就太不理解宗教了。

要知道很多人有信仰，未必有宗教，也就是说他们的信仰超越了物质世界的东西。所谓超越了物质世界的东西也就是平时描绘的虚无缥缈的神、上天、上帝。不过，为了不跟大家公认的宗教混淆，不承认自己有什么宗教而已，但是，有某种信仰。同时，有人声称自己信什么宗教，是什么教徒，并不代表什么。有没有宗教或信仰是一回事，在生活中如何用自己的信仰或宗教指导自己生活也是另一回事。信教的人（无论什么教）都应知道宗教中的戒律、教规、教条和教义，很多人在实际生活中，包括一些神职人员，虽然参加和行使宗教的仪式，或宗教活动，但是，并不遵循他们的戒律、教规、教条和教义，也很少去做该宗教鼓励去做的对他人有益的工作，这样只能说有宗教，并非有信仰。

很多人声称自己为无神论者，也声明没有什么宗教信仰，但是，他们在实际生活中，却把信仰体现出来了。例如：跟那些因为宗教原因吃素的人相比，有人是因为要保护环境而吃素，也有人因为要保护环境而不开车（当然是指有车不开的人）。他们生活的行为受到自己相信的东西指导，可以说是有了指导的信仰。因此，保护环境已经成了自己的信仰。那么，如果他们把保护环境的生活行为立下自己的戒律、教规、教条和教义，同时，也有像宗教组织那样举行仪式和类宗教组织形式，那么，他们也许会称自己"以信仰环保为宗教"。

在我们这个社会中，很多人声称自己是无神论者或唯物主义者的人，很多时候把物质神化了，如相信通过努力创业事业将会成功，或坚信能赚到自己心目中认可的钱，才有安全感。实际上，达到自己愿望的人毕竟是少数，很多人一辈子所追求的"成功"和"足够的钱"，到最后认输的时候才知道：原来那个"成功"和"足够的钱"是自己根据周围的信息和自己的想象创造出来的"神"。这个"神"也像北斗星那样，在遥不可及的地方，指引自己在职场、商海或仕途中颠簸一生，时而有方向，时而失去方向。

人的生活不可能没有信仰，只是不承认自己的信仰而已，一旦有了信仰都是唯心主义者，无论如何，在现实生活中，人的本质都是一个唯心主义者。

信仰也像北斗星那样，在遥不可及的地方，只有那些有远航目标的人去关注它，因为希望依靠它的指引而不迷失方向。只追求宗教，而忽略信仰的人，宗教对他们的作用就像鸦片。

## 5. 对爱和自由的误解

孩子出生之后是一个无助、无能、无用的，只能给大人添麻烦的小家伙。无论孩子长得如何都不会被父母讨厌，父母对孩子倾注的一切心思和照顾都是爱。有了孩子的人很容易理解这种爱的含义，孩子从父母那里也能体会到爱的含义，这种人类的爱是人的自然天性。

我们都会去爱可爱的孩子，去爱可爱的女人或可爱的男人，也会去爱可爱的、热情的、大方的同事和邻居。这种爱会表现出乐于为这些爱的对象做他们喜欢的事，讲他们喜欢听的话，关心他们的事，也为他们的未来和危险而担忧。付出这种爱，常常也期待对方积极的、爱的回应，很多时候更是期待相等的、等价的、相同的或相似的回应，也是人之常情。这种爱其实是表现在身体和心理的需求上，是爱的低层表现，也是人类的一种自私行为。然而，人类真正的爱应当表现在精神层面。

如果我们能去爱讨厌的、叛逆的、总给你添麻烦的、欺负你的孩子；如果我们能够去爱讨厌的男人或女人；能够去爱小气的、泼辣的、霸道的同事和邻居。也就是表现在乐于为他们做他们喜欢的事，讲他们喜欢听的话，关心他们的事，那才是真正的爱。用《圣经》里的话就是："如果你的左脸被人打了，你应当再把右脸伸给他打。""不但要爱你的朋友，也要去爱你的敌人。"也许大家认为这是宗教的神话，操作性不强。更多时候宁愿相信："人要犯我，我必犯人"或"以暴制暴"的哲学思想。实际上，这是人类的低层表现，如一只猫被踩到了尾巴做出的本能反应一样。人类比动物高级是表现在人有独立的思想，人有能力来避免"人要犯我，我必犯人"或"以暴制暴"，如你被孩子伤害了，而本能地反击。如果孩子未接受更高层次的教育，自然的反应就是"人要犯我，我必犯人"或"以暴制暴"这样的自私行为，这会让大人无地自容。只有能做到不要为了得到宽恕而去宽恕别人，不要为了爱而去爱别人，爱才会表现在精神层面。

现代的孩子被众多的爱所笼罩着，同时，他们也被过多的、过高的期待所笼罩着。父母对孩子充满期待，并为之努力付出时间、金钱、代价等，表面上是孩子得益，实际上是在实现父母的愿望，满足大人的心理需求。因此，也不需要解释为什么现在的孩子那么自私和不懂感恩了。因为，孩子所接受的信息也许是："他们给我的爱不过是满足了他们自己的感觉而已。"如果孩子也有幸福和满足感，也是认为"本来就应该这样的"。

比如一些有智障的孩子，家长为了孩子能过普通孩子过的生活，而做出惊人努力。他们对孩子理所当然地有期待，对孩子的某些期待，起初有些不太现实。当他们接受了现实之后，他们对孩子的期待才能让孩子感到没有压力，并能自由和放松起来。实际上，很多家长对自己孩子的期待都有这些过程，孩子内心的自由指标跟父母、老师以及社会对他们的期待成比例。缺乏经验的年轻家长，理解这层关系之后，也会走向另一个极端。他们对孩子的爱表现在给予孩子的是无疆界的自由和过多的选择。对于给孩子什么样的自由上很模糊，认为只要不做伤害别人、不伤害自己、不违法的事，都让他们去做。

在给予孩子自由之前，孩子必须经过一个正确引导的过程，以及学会为自己的选择而负责的教育，否则过度的自由会让孩子无所适从。首先，给孩子自由之前，孩子必须知道界限在哪里，孩子犯错误实际是他们做了不该做的事情。很多家长都不准许孩子打人，可是，家长未必就教育过孩子："孩子，你的手是用来做有意义的工作的。"不仅要对孩子进行口头的教育，还要带领孩子一起做事情。要让孩子知道"可以做什么，并如何做"，而不仅仅是"不许这，不许那"。只有孩子知道什么是允许的，并知道如何做，孩子才知道他的界限在哪里，对于界限不清楚的孩子，不会有自由的感觉，也缺乏安全感，其实也是缺乏爱的体现。

给予孩子自由的第一步是先给他们选择性的自由。但是，也要根据孩子的年龄来定，选择什么东西？如何选？一般家长都能够很好地把握。现代父母都希望给孩子更多的自由，以便培养孩子的自主能力。事实上孩子有了自由之后，变得调皮起来，不好管教，那么应该给孩子什么样的自由呢？

对于三到五岁的孩子来说，如果孩子没有生病，他们吃不吃饭，吃多少，就让他选择。很多家长，尤其是爷爷奶奶们，给五六岁的孩子喂饭，不给孩子吃饭的自由，太在意孩子是否吃饱，而不太在意三到五岁的孩子要穿多少衣服才适合，其实很多时候，孩子不该有选择衣服的自由。这么大的孩子，让他们自己选择衣服是否适合天气是不太现实的。因为三到五岁的孩子还没有能力判断天气对他们身体的影响。

跟老师或父母关系不好的孩子，缺乏父母关爱的孩子，大多是很早就拥有了过多的自由。由于年幼时，缺乏老师或父母指导的孩子，到成人之后往往缺乏独立思考和判断能力，或过于自负。很多中国家长，受到"蹲下来跟孩子对话"的影响，也有这个倾向。然而，蹲下来跟孩子对话的真实含义是：不要把孩子当成一张白纸或愚弄孩子。而不是让孩子来指导父母，并由孩子来主宰成人的生活。

孩子通常会被无微不至的爱压得喘不过气，被爱逼得寸步不能离开。爱和自由是一对双胞胎，没有爱就没有自由，没有自由就没有爱。很多时候，因为爱而失去自由，也会因为自由而失去爱。如果你给予他人爱，不会给他人带来压力，获得爱也不会感到亏欠他人，那么你就是爱和自由双收了。这时，你的心灵是自由的。要达到这种自由，必须具备独立的思考和判断能力，心正气直，不受文化、政治、宗教和传统的左右。正确的教育，最终应该让孩子长大之后达到心灵的自由。

# 6. 关于儿童学习外语这些事

目前中国学英语到了疯狂的地步，避开遍地开花的英语补习班且不说，只是商讨大江南北的外语幼儿园。外语幼儿园充斥着城市的每一个角落。甚至在最落后的村镇幼儿园，都可以看到"外语幼儿园"的牌子。

外语教育疯狂之后，有些幼儿园玩起了"双语教育"这样的概念，幼儿园开几节英语课就说成双语，有些牵强。双语教育的前提应是孩子上学前，孩子已经能自如地使用了两种语言，而在幼儿园或学校里一半的时间用外语教学，而不是有几节外语课，就是双语学校了。如果是双语教育，那么孩子两种语言的读写水平都应相差不大。严格来说，新加坡和香港的一些教育，才可以说是双语教育。现实结果显示，学生的两种语言的读写都难达到同一水平，只能偏重于一门语言。虽然，很多香港人和新加坡人的英文好，可是，他们也失去了很多本国语言文化。同样，在菲律宾和印度，英语也是官方语言，他们从小学习英语，讲英语也像香港人和新加坡人那样带本地口音，但长大后两种语言都达不到一定的深度。

双语教育到目前来说，学术界还存在着争论，不支持双语教育的学者和专家大有人在，甚至影响到政府的教育政策。关于双语教育的争论在有条件施行双语教育的国家或地区比较激烈，而在中国几乎是不值得争论。原因之一，能同时使用外语和汉语的孩子并不多，很多这类孩子其实是上了纯外语的国际学校。原因之二，包括一些专家在内的中国人都毫无争议地支持双语教育。原因之三，双语教育的宣传符合绝大部分家长对孩子的功利心态，也符合目前考试升学的教育制度要求。

讲双语的孩子不是通过学校的外语教育而来的，他们是生活在使用双语的家庭环境成长而学会双语的。如父母在家里讲外语，孩子在家以外的环境讲汉语，或父母在家里讲汉语，孩子在家以外的环境讲外语。如果孩子不是在双语环境里生活，而是通过学校学习外语，两种语言听说读写都达到同一水平是件非常不容易的事。在美国，我看到很多朋友劳命又伤财地把孩子拉到中文学校去学中文。孩子生活在美国，孩子就希望跟美国孩子那样，周末去玩而不是去学习中文。很多中国人在享受美国的收入和环境，又希望得到中国的文化，孩子不懂大人的功利目的。如果孩子对学习中文缺乏兴趣，无论学习中文对将来有多好，孩子也不会在意。

有人认为年幼的孩子学习语言很快，因此应尽早，这也是事实。他们的发音器官具有很大的可塑性，成年人年纪越大学外语越困难，因为他们的发音器官比较僵硬，不易改变。如果年幼的孩子跟随父母到了美国，他一定比父母更快地学会英语。

语言不仅仅是沟通的工具，语言是文化传承和精神的归属，语言是精神存在的家园。在中国生活的中国人讲中国话，孩子从小就有一种归属感。当我们思考的时候，总是用语言在思考，不同的语言带来不同的理解方式和思考方式。如果让生活在中国的孩子，母语都还没学会，就学会了英语，他的精神归属，究竟是中国人还是英国人或美国人？如果年幼的孩子跟随父母到了美国，他一定比父母更快地学会英语，也说明了孩子的心灵比大人更容易找到栖息的地方，这就是为什么移民和移民的后代有文化冲突的原因。语言是心灵的家园，当孩子建立起心灵的家园后，才能开始学习外语。

很多人以功利为目的，把外语当作工具来学，认为刀子越多就越好。有些家长吃了不懂外语的亏，因此，不让孩子吃同样的亏，认为英语是通往世界的桥梁和高薪工作的筹码，总能找到提前学习外语的理由。以前有段时间，认为"学好数理化，走遍天下都不怕"，现在很多人认为"学好英语，走遍天下都不怕"。如果没有受到很好的教育，而光是学好英语也未必就走遍天下都不怕。菲律宾人和印度人从小就接受英语教育，很多人却没有受到很好的教育。因此，在香港和新加坡可以看到大量的菲律宾人做家佣，印度人做苦力，而你看不到香港人或新加坡人在印度和菲律宾做苦力或家佣。如果中国的孩子没受到很好的教育，而一味学习外语，也许以后可以去香港或新加坡做苦力或家佣。

在幼儿园阶段，老师通过唱外语歌让孩子感受另一种语言，比如在英国华德福幼儿园给孩子唱中国童谣，德国的孩子在幼儿园唱英文歌、法文歌，每天大约十分钟时间。目的不是教孩子外语，而是让孩子对不同的语言有所感受。

华德福教育提倡外语教学应从小学一年级开始，外语学习最重要的目的是学习不同的语言带来不同的理解方式和思考方式。因此，不要太在意孩子学到什么程度，保持学习外语的兴趣才是重要。我们提供给孩子学习外语的机会，让他们自由地学习，努力保持学习的兴趣和养成好的学习习惯。享受学习的过程就够了，不能太期待学习的结果。不仅学习外语要这样，其实，对孩子来说，让他们学习任何东西都应这样。目前大部分的英语教学，都是在追求短期的结果，以便让家长能放心继续付学费。并鼓吹孩子越早学习外语就越好，双语幼儿园就这样产生了。

# 7. 儿童的性教育

很多成年人对性的认识都有着误区，而当他们面对孩子的性教育时，也就更加无从下手，不知道怎样的态度是正确的，不知道什么样的方式是好方式。那么究竟父母应该怎样和孩子一起面对性这个问题呢？

对于四五岁的孩子来说，玩自己的小鸡鸡或对自己的私处感兴趣，或亲吻妈妈的嘴，摸妈妈的胸部或手脚，脱裤子展示自己等表现出对"性"感兴趣的动作，也许跟大人所理解的"性"不是一回事。无论你是否有意识地给孩子进行性教育，你都会不知不觉地给孩子进行了性教育。其实，几乎所有的家长从婴儿开始就给孩子进行性的教育了，只是不同的层面而已。随着年龄的增长，孩子对性的认识也不断地深入和扩展了。

宝宝一出生，一般的家长就会给女婴穿代表女性颜色的衣服，或者不给男婴穿裙子。孩子首先是通过衣服和色彩学会对自己的性别定位，稍大一些的孩子也许会从头发的长短来判断男孩或女孩。对男性称叔叔，女性称阿姨，太阳称公公都是让孩子学会性别、雄雌、阴阳等性的基本概念。孩子从高层面——精神层面，去理解性之后，才能正确理解低层面——物质层面的性。如童话故事里的王子和公主结婚，从此之后，他们幸福快乐地生活在一起，这种故事是让孩子的内心世界里的阴阳相互作用，达到最佳的平衡状态，这就是为什么孩子对这些"哄人"的童话故事百听不厌的原因。华德福教育在孩子七岁以前，把童话当成滋养孩子心灵的营养品。

那些希望把女孩子当男孩子养，或把男孩子当女孩子养的家长，内心对孩子有着相反的性别期待，也会让孩子对自己性别定位造成混乱。

最初，孩子们也许会从衣着和头发去分辨性别，当他们到四五岁的时候，就会出现男孩子发现女孩子身上少一件东西，而且会蹲着尿尿，当然，女孩子也会注意到男孩子身上多了一件东西，而且会站着尿尿。这时的孩子们很容易去模仿对方小便的样子，觉得好玩和神奇，然后进一步对爸爸妈妈如何尿尿感兴趣，当然也对爸爸妈妈的裸体感兴趣了。

这个时候，父母不要故意回避，孩子可以跟爸爸一起洗澡，也可以跟妈妈一起洗澡，孩子看到爸爸和妈妈如何尿尿之后，这一节体验课就完成了。孩子玩自己的小鸡鸡或对自己的私处感兴趣，脱裤子暴露自己都属于展现自己的身体存在，是对器官认识的第一课，都是孩子在这个成长过程常见的，不要大惊小怪。一般来说都会过去的，不用刻意去矫正，除非是对身体有伤害性的行为就需要成人去转移孩子的关注。孩子对性的认识从发现性器官的存在到性器官的作用（尿尿）这个过程很短，孩子这个时候对性的认识仅是尿尿而已，这个时候给孩子讲生理卫生知识是没有意义的。

孩子喜欢触摸爸爸或妈妈裸露的手臂，四五岁的孩子不但要贴在脸上亲一下，还要亲爸爸妈妈的嘴，甚至触摸妈妈或阿姨的胸脯。大人不应该马上理解或联想为这就是"性"反应，更不能用羞辱和责骂的方式或打骂的方式来对待孩子，因为这是孩子对性的第二阶段的认识——性不仅仅是和性器官有关的行为，性也是渴望爱、温暖、满足感和安全感，甚至归属感的一种方式。因此，孩子要亲爸爸妈妈的嘴，也不是什么大不了的事，孩子要亲爸爸妈妈的嘴，爸爸妈妈就有意识地去亲孩子的脸，孩子以后就知道亲哪里了。孩子如果要摸妈妈或阿姨的胸脯，就轻轻把孩子的手移动到其他不大紧要的地方，同时你可以抚摸孩子的手脚、后背、头脸，或拥抱他们，总之是以给孩子表达一种爱、温暖和关怀的方式来触摸孩子。工作繁忙的现代都市生活，很多父母没有多少机会给孩子体验爱、温暖、满足感、安全感或归属感这种"性"的表达方式。

对于儿童的性教育来说，没有性器官的参与，也能获得爱、温暖、满足感、安全感、归属感是至关重要，也是关键的第二课。如果到了青少年或成人之后，没有性器官参与，就得不到爱、温暖、满足感、安全感、归属感，同时，他们也发现了，通过性器官的参与，很容易体验到这些感觉，因此会依赖通过性活动来得到爱、温暖、满足感、安全感、归属感等。这样想对性、爱情、婚姻、家庭等一系列问题认识清晰就困难了。

在幼年期，父母所呈现出来的两性关系，也是孩子直接感受到的"性"教育之一，这种影响是非常巨大的，甚至会直接影响到他们成人的"性"态度和方式。异性之间如何传递感情、关爱、温暖、爱情和性关系等都是成人给孩子性教育的教材。

孩子通过玩过家家、玩结婚生孩子的游戏，来演习大人的性认识。这时，就说明了孩子对性的认识进入了心灵层面。孩子不仅会朝三暮四地说跟不同的孩子结婚，甚至想跟妈妈或爸爸结婚，那些要跟爸爸或妈妈结婚的孩子，通常把妈妈或爸爸当英雄。结婚和生孩子，对孩子来说跟性无关，就算孩子脱了裤子用鸡鸡来参与都跟性无关。孩子玩结婚生孩子，玩过家家，是通过玩来构建他们的童话世界，要知道孩子的内心是生活在一个大人无法探访的世界里，他们通过玩来体现他们的世界。如艺术家通过艺术来表现他们的内在世界一样，孩子通过玩耍来表达，可见，孩子能自由地一起玩耍是如何地重要。

孩子的性教育在不同的阶段应有不同的方法，在孩子的青春期开始之前，给孩子讲关于性的科学知识是没有意义的，通过图片给孩子认识性器官和生命的来源也是不可取的。其实，这是现代家长和现代教育最容易犯的错误。这种教育对性的认识太表面化，性不是性欲和性满足并繁殖后代那么简单。青春期开始之前的性教育跟性器官没有多大的关系，最重要的是性别定位，性的内涵，没有性器官参与的"性"关系，是人类最重要的关系，那是由"性"而产生情感、爱、温暖、安全感、归属感等"性"关系。孩子有了这层的"性"关系之后，到了性器官和生理成熟时，性欲、性渴望、性满足和繁殖后代的性问题就容易了。

# 8. 如何惩罚孩子

首先要讨论**"什么才算是惩罚"**，这个很重要！我们很多人都把惩罚和承担后果混淆了，如果不把这个清晰化，很难去说惩罚。如五岁的孩子打人的时候，停止他的玩耍时间，请他坐在一个地方，让他准备好了再去玩，这是否算是惩罚？如果让他站一段时间，并严肃地告诉他是因为他犯了错误，这样是否算惩罚？然后再讨论惩罚的目的。一般惩罚的目的是通过惩罚孩子，让他们害怕而不敢再犯。最后，才讨论什么样的惩罚手段，因为，惩罚的目的决定了惩罚的手段。

简单的答案就是：惩罚就是让孩子去承受那些他们极其不愿意的东西，并通过让他们害怕再次承担而不敢再犯。事实上，很多孩子被惩罚过后，无论惩罚轻重如何，都会有再犯的情况。我们自己小的时候也体验过，明明知道再犯是会遭惩罚的，可是，再犯的时候往往忘记了惩罚的结果，就算是怕被惩罚也会再犯。事实证明了通过惩罚孩子，让他们害怕而不敢再犯，很多时候是达不到目的的。如果说惩罚孩子达不到目的，是否惩罚的手段上有问题呢？如果惩罚的目的和手段不当，那么，又有什么结果呢？答案可能会有以下几个。

- 孩子产生逆反心理和抵抗情绪，并埋下恨的种子
- 对老师和家长不信任，关闭交流和沟通的大门
- 孩子对权威的恐惧，不能自由地、充分地表达自己的思想
- 缺乏犯错误的自由，孩子不敢承担责任
- 孩子的尊严受损，自卑又自负
- 其他

在惩罚孩子之前，要分清楚哪些行为是犯错误，哪些行为是不良行为。家长和老师要学会断定哪些是犯错误，哪些是不良行为。通常家长和老师给孩子定下了一些规矩，他们打破了规矩，那么应是犯错误。在孩子没有能力去确认那些规矩之前，很多时候是属于不良行为。如家长给五岁左右的孩子规定了上床睡觉时间，孩子并未能做到，那不应该是犯错误。孩子笨手笨脚经常打破杯子也不应该被责备。孩子有不良的行为是自然的现象，他们只是不懂成人世界里什么行为是可以接受的，什么行为是被认为不良的行为而已。因此，孩子在未懂规矩之前，家长惩罚未懂规

矩的孩子都是因为他们有不良的行为，对孩子的成长没有任何帮助，对孩子也是不公平的。

犯错误和有不良的行为是每一个人必须的成长过程。教育者要做的是孩子在犯了错误和出现了不良行为之后，帮助孩子学会如何去面对行为产生的后果，孩子才能学会如何处理错误和为自己不良的行为负责，因为每一个人长大之后还会犯错误。人能在不断地犯错误中及时纠正，不再犯相同的错误才会成长。普通教育者在孩子犯了错误之后，为了让他们害怕而不敢再犯，使用不当的惩罚方式，过多地让他们承当那些承受不起的责任，以至孩子犯了错误之后就逃避责任，结果成为一个不敢负责的人，不给孩子犯错误的机会和自由则是教育的败笔。

无论在家里或学校，老师和父母在孩子成长的过程中使用过惩罚手段，其实都是希望通过惩罚孩子或学生明确错误，为错误承担责任，或害怕被惩罚而不再犯错。由于惩罚的目的决定了惩罚的手段，如果是让害怕被惩罚而不再犯错，你会使用例如父母常用的制裁手段"如果你这样做，就不给你买玩具了，或者不许你玩了"，或威胁手段"如果你不，妈妈就不要你了"。这些制裁、威胁和欺骗等都是不当的手段。

传统社会要建立社会秩序，必须用残酷的法律来规范人们的行为，通过惩罚这个外在的力量来实现，同时，通过宗教来规范人们的内心世界，用天堂、地狱、投胎和报应等教育来加强人们的内在认同。教育孩子从"自然人到社会人"，其实也是遵循了这个思路。从社会的发展史看，在那些滥用酷刑、制裁、威胁和欺骗等手段的社会里，那里的犯罪率并不比那些讲究人权、人道和文化发展的社会低。华德福教育中比较注重孩子的内在秩序的建立，而谨慎使用外在力量。因此，华德福教育鼓励用不同的方式"帮助"学生认清他们的行为会带来什么后果，教育学生应对自己的行为负责，而不是因害怕被惩罚而不再犯错。当然，经验不足的华德福老师也会带来以前"行之有效"的方式和手段。

# 9. 你的孩子需要哪些帮助

华德福教育作为比较新的非主流教育，家长必须有足够的勇气去尝试。也有些比较淡定的家长，因过于淡定而错失孩子学习的机会。华德福学校的孩子如何补课和参加课外班是一个大问题。

首先，如何评估你的孩子是否需要指导补课？你自己能不能指导孩子学习？需要花多长时间？如何找到一位好的指导老师？这些都是很重要的问题，如果孩子在学校的学习有困难或成绩差，最开始的时候常常是他的老师向你提起，孩子某科的作业有问题，或者你可能注意到他好像不具备其他同龄孩子的某些知识或技能。问题常常早在一年级或二年级就会出现，但不会成为大问题，直到三、四年级，这时候课程变得更复杂，对速度、自觉性和综合技能的要求更高。

有时成长步调慢的孩子们在三年级左右的确能够跟上同年级的孩子们。然而，许多情况下，那些一年级遇到困难的孩子在高年级仍将遇到这些困难，这时候已经发展成为多方面的问题，表现在艺术、活动、社交和情绪等方面。如果能够及早发现并采取措施，确定这些困难的性质，并在难点上给孩子一些帮助，那么就能够免除很多痛苦。但是，家长对孩子的问题不要反应过度，一定要和主班老师一起，通过密切观察与评估，尽快搞清楚问题的原因。可能要经过专业老师彻底的、仔细的研究，才能决定如何帮助孩子，最好还要给孩子时间，让他自己从困难中成长出来。然而，这样的决定应该是有意识的，需要频繁地定期检视这个帮助的效果。

　　如果存在的问题都还没有确定性，或已经造成了孩子在社交或情绪方面的问题，就不要等待专家确认了。帮助孩子没有什么好损失的，而等待会损失很多。对大部分孩子，强调只需要帮助做好老师提出的基本要求就足够了。有些孩子们需要老师教给学习技巧：如何聆听并组织信息，如何发现模式和关系，如何记忆——善于学习的人是自己发现这些东西的。

　　要考虑到作为家长能不能自己帮助孩子？如果能，你必须严格承诺每天实施必要的工作，如果你孩子的老师能制定一套良好的、易于实施的计划，并且也不会让孩子感到挫败，也只有少数家长符合这些条件。然而，大部分孩子不希望他们的父母也来做自己的老师，他们常常会抵触，而大部分家长也发现，在与孩子的关系中既做家长又做老师的压力太大了。

在低年级，一个好的办法是请学校里的老师，放学后花两天的时间为孩子提供单独辅导，这样完全可以帮助解决早期出现的问题。如果孩子的学习困难是出于深层的原因，那么需要受过治疗教育培训的专业人士的帮助。这些孩子也会从老师或家长的早期指导中受益，因为这样问题可以尽早发现，而且孩子也喜欢能够真正满足他需要的人。不过，现在专门研究学习障碍的人不好找，好的辅导老师应该能够在家长和老师之间保持良好的沟通，相互传递信息。如果他们能在两次补课之间布置一些简短的家庭作业（每次不要超过 5 ～ 10 分钟），那将会很有帮助，可以支持孩子的进步。

大部分好的辅导老师和教育治疗师都是通过口碑相传的，他们不需要打广告。问问学校，以及任何能想到的人，看看他们能不能推荐。你应该找两三个老师，给他们打电话，谈谈你的孩子，然后比较一下他们的反应和自己的反应，最后决定哪个最适合你的孩子。

第四部分

# 家庭教育案例分析

# 1. 父母离婚，应该如何向孩子解释

由于和孩子爸爸感情破裂，所以我们在孩子两个半月的时候离婚了。当时我就有一种如释重负的感觉，一直到现在，我的状态和心态也都很好。我不后悔我的选择，我可以自己抚养我的宝贝，给她快乐和幸福，给她好的教育和生活环境。

离婚一年间，孩子的爸爸除了按月会把抚养费存到我的卡里，他和他的家人没有再看过、问过孩子，我们也没有任何的联系。我现在不知道，他们这样做，是想干脆就不见这个孩子，还是觉得孩子现在小，等她大一点明白事了再说。说心里话，我希望他们索性永远不出现了，省得对孩子不好。

但是孩子一岁了，问题也就出现了。她现在开始学说话，每当听到别的小朋友叫"爸爸"，她也会跟着学，然后觉得很好玩，就对我笑。原来我就曾经想过，如果孩子逐渐懂事以后问起爸爸来，我应该怎么对她说？虽然我的宝贝对爸爸根本就没有印象，而且她的爸爸可能永远也不会见她。但是我不能对她说爸爸死了，我担心万一有一天他又来看她。但是孩子这么小，理解不了什么叫作离婚，而我不想让婚姻的不幸影响到我的宝贝，不想在她的心里留下阴影。我真的不知道该怎么办好！真的希望您能帮我出出主意。

## 个案分析

所有的孩子都应该有父亲，作为单身母亲，应该努力地超越自己的情感和个人恩怨，以一种平和的态度不断地把孩子的情况告诉孩子的爸爸，尤其是那些有趣的童言稚语，孩子快乐和幸福的地方，并转达孩子对爸爸的渴望，希望能唤起父亲对孩子的爱，除了经济责任外，父亲也应该承担一定的养育和关怀责任，共同为孩子的健康成长而努力。

作为一个单身妈妈，更重要的是你自己对人生和他人的态度，以及你对孩子的爱和关怀，但又非常客观地对待孩子的成长，这才是影响孩子健康成长的关键。不管怎么样，切记不能把自己对孩子父亲的憎恨和愤怒发泄出来。否则，你就是把你自己的痛苦让孩子去承担，对孩子的心理影响很大，甚至会影响到她将来对人生和婚姻的不安和恐慌。但是当孩子长大成人后，可以适当地把事情的缘由告诉孩子，由他们去判断。

如果实在有困难，或父亲不合作，或孩子老问："为什么爸爸不和我们在一起？"在孩子年幼的时候，可以告诉孩子"爸爸住得很远，要很久才会来"。善意的谎言有时也需要，也可以让孩子给父亲画画或者写信等抒发自己的思恋。

随着孩子的成长，尤其是九岁以后，大人就可以用一种平和的态度给孩子解释原因了，并可以告诉孩子："当你长大之后，你可以去看爸爸。"我有个美国朋友，在他出生前，父亲就离开了，他虽然从小就没见过爸爸，但是妈妈总是告诉他："总有一天，你会见到你的父亲。"当他高中毕业之后，决定无论如何都要看看亲生父亲，经过努力，他终于见到了父亲，双方都非常客气，像一对陌生人，平和但没有什么关系。从此，他就再也没有见面的愿望了，内心也非常地平静了。

## 2. 怎样回答生病中孩子的问题

　　我五岁的小侄女不幸被检查出患有癫痫，并被收住院。现在我们担忧的不是疾病本身，而是她的心理健康，因为她每天都会问我们她为什么要住院，她得了什么病，她是不是长大了也不能游泳……我们不知道怎样回答，才不会伤害她的心灵。

### 个案分析

　　首先，周围的大人应该避免把自己的担忧和紧张带给孩子，否则会直接影响到孩子的情绪和心理，也间接地影响到治疗的效果。培养孩子对生活的乐观和热情是最重要的，也是治愈的基础之一。

　　其次，对于五岁的孩子，实在没有必要给她解释病情和现实，否则会令她更紧张，但是可以用一些图画似的语言告诉她，一些她现在要面对的情况，如要在医院多住一下，要多休息才有力气去跑，去跳。在九岁之前，都不要给孩子太多的解释，让孩子慢慢去认识和接受现实。如果不能做激烈的体育运动，可以不做那么激烈的运动，或做其他智力发展的游戏，孩子要在其他方面获得认可，就能面对自己的疾病。

再次，从现代医学的技术看来，癫痫病是可以通过药物来控制少发作。但是，还未能做到彻底治疗，所以需要积极地配合医生的治疗和控制病情。其实，历史上很多名人都有这种病，如恺撒大帝、拿破仑，不要夸大病的影响，让孩子学会面对自己的疾病。

# 3. 如何面对世界名画中不断出现的裸体

我非常希望能从小培养孩子的艺术感受力，所以从孩子三岁之后便开始带她听音乐会、学习芭蕾和绘画。按照绘画老师的建议，我买了成套的世界名画画册，准备好好熏陶她。但是一个实际问题出现了：**书里面有大量的裸体！**我知道那是艺术家对于人体美的重新发现，是美术创作的阶段性产物。可是，我怎么来跟孩子解释这个更妥当呢？而且我担心孩子以后走两个极端，一个是过于关注性方面的内容，另一个就是反而太不当回事，口无遮拦。

## 个案分析

面对裸体，孩子首先想到的是艺术，而不是性。如果孩子在这个年龄阶段就能想到性就太可怕了，如何引导孩子看到艺术而不是看到性，这是一个教育问题。

用名画来培养幼儿的艺术感受力，三岁的孩子如何从名画中发现美？这可能要做一些相关的调查和研究，别说孩子了，就是大人，甚至知识分子，又有多少人能从名画中得到熏陶呢？很多世界名画都是艺术家对生活、自然、世界、人内心世界的感悟和描绘。一个对生活、自然、世界、人性、人的内心世界都还没有丰富感受的三岁幼儿，怎么能感受到这些艺术品的美和内涵呢？对于三岁多的孩子，一片绿树叶、一朵小花、蚂蚁的家、蜗牛的壳就是美，就是艺术。从大自然中的色彩和美中去体验，那才是孩子内心里最能产生共鸣和感受的，也就是对艺术的最初印象和感受。真正融进生活和自然的体验才是培养孩子丰富感受的基础，他们以后的艺术灵感、文学灵感，甚至科学创造灵感都是来自生活的体验和感悟。

　　搞清楚名画以及希腊和罗马雕塑中，为什么有那么多裸体，也许会有帮助。我想除了艺术家对于人体美的重新发现，是美术创作的阶段性产物以外，重要的是艺术家通过人的裸体在展现他们的高超艺术手段，同时也希望突破艺术品的时间性，无论什么年代，人体的美感也许不同。但是，裸体的人都一样的，也就是艺术家们希望他们的作品是永恒的。

# 4. 不认同幼儿园老师的教育理念

　　如果不认同幼儿园老师的教育理念，是否应该选择转幼儿园？如果转园，其实有许多现实问题要考虑，如：离家距离、接送、费用等。撇开现实问题不谈，单从教育的角度来看，我们要考虑很多问题。首先，家长要多想想为什么不认同老师的教育理念，当你不认同时，你是否能健康或正向地和老师沟通？你自己所认同的教育理念到底是什么？如果不了解自己所认同的教育理念，或缺乏这样的反思，即便转到新幼儿园，那样的情形很可能还会再次重演。

## 个案分析

　　如果和老师的理念有冲突，又无法解决，双方在一些事务上的不同处理方式确实会让孩子困惑。即便在家里，大人们不同的家庭教育理念也会让孩子无所适从，缺乏安全感，甚至让孩子学会利用大人的矛盾去操控大人。缺乏和谐一致引导的孩子，较难形成自己的清晰判断或做决策，从而显得缺乏个性或优柔寡断。有的时候，如果你不认同幼儿园老师的教育理念，不是去改变老师的理念，而是去找和你的理念一致的幼儿园。

如果家长不认同幼儿老师的教育理念，孩子在这个幼儿园却很开心、很健康，那么给孩子转园就成了家长给自己找幼儿园，而不是为孩子。相反，也有家长是根据孩子的意见来选幼儿园，由孩子的开不开心或对幼儿园的评价来决定是否转园。其实，转园与否应该是家长在理智、情感和实践三方面全面考虑后所做的决策，包括对孩子的观察（不仅仅是孩子所说的话）。一般比较内向的孩子无论在幼儿园快乐不快乐，都不太喜欢转园或改变环境；比较外向的孩子无论在幼儿园快乐或不快乐，都比较容易适应新幼儿园和新环境。但无论是内向或外向的孩子，转园和改变环境都会消耗他们的生命力和影响安全感的建立，而给孩子一个比较稳定的环境是非常重要的。如果以上的方面，家长都考虑得很清楚了，觉得还是必须转园，那么解决接送、离家太远或收费过高等问题的决心就会更大一些了。

## 5. 应该激励胆小退缩的孩子变勇敢

我的孩子遇到很多陌生人或遇到困难都是退缩到我的背后，试图多次鼓励孩子勇敢面对，可是没有任何的进步。我还注意到我的鼓励反而成为孩子的压力，有时孩子甚至会痛哭，我对此非常困惑，不知道怎么办好。

## 个案分析

孩子胆小退缩，父母肯定要尽量去激励他；但是我们必须要认识到人的性格和气质是多样的，每种气质都有优势和弱点。有的孩子比较内向胆小，无论如何激励，也许都不会变得勇敢，但是他们往往具有很强的观察力和审视能力，甚至很会把握界限，值得他人信任尊重；而那些外向型的孩子，大胆开放和富有冒险精神，但也会显得鲁莽冲动和冒失马虎，流于表面。

因此，父母要尊重和接受孩子现在的样子，努力地去发现和发扬这种气质所带来的优势。这样不仅仅能帮助孩子建立很好的自信和安全感，甚至可以培养孩子的包容心，让他们学会接受不同性格的人。这是形成社交能力的基础。

对于低幼年龄段的孩子，一定选择他们力所能及的事务去鼓励他们尝试应对，让孩子充分感受到"我能做到"，这是信心和勇气的源泉。他们需要很多的时间和空间走向外面的世界，一旦走出，他们也许会更坚定，更有中心。如果孩子在不断的鼓励下鼓起勇气去接受了挑战，哪怕离目标还有很远的距离，也该得到欣赏。父母应当看到孩子为接受挑战而做出的努力，而不是期待他由此变得勇敢。如果孩子选择放弃，也不要为孩子的放弃感到可惜，爸爸妈妈可以鼓励孩子说"我相信你下次会做到的"，绝对不能因此就给孩子贴上胆小退缩的标签。

有时候，大人们太注重结果，并根据结果来评价孩子，从而造成了孩子退缩的状态。同时，过多的批评和表扬，也都会给孩子带来很多的压力，致使孩子不敢去尝试，不敢去犯错误，不敢去承担责任。孩子比成人更需要过程，而不是结果和评判。父母们必要的淡然心态是很重要的。

## 6. 四岁的孩子迷恋电子游戏

我的儿子今年四岁，最让我头疼的事情就是他玩电子游戏成瘾，每天至少玩儿两次，一次一个小时以上。而且他现在已经形成了非常不好的习惯，就是每天早上大便的时候必须要玩会儿掌上游戏机，要不就坐不住。不过这个坏毛病不能全怪孩子，首先我先生就是电脑游戏迷；其次，我们不在家的时候都是孩子的姥姥姥爷看管，他们为了让孩子高兴，从来不会限制他玩游戏。我曾经和我先生、我父母谈过很多次，告诉他们这么小的孩子迷恋游戏机对视力、骨骼成长都不好，但是他们从来没有意识到问题的严重性。我该怎么办呢？

## 个案分析

你的孩子如果已经出现了不玩游戏就坐不住的情况，你的确应该马上认真和家人谈谈了。如果再这样下去，你的孩子出现注意力涣散、多动的可能性会很大，甚至会出现学习或者心理问题。四岁的孩子需要的是自然的环境、艺术或动手做事的活动，而不是游戏机。游戏机是扼杀孩子自己真实的创造力和想象力的凶手之一。

这不是孩子的问题，而是大人的问题。你的家人根本就不知道过度玩电子游戏的危害性，那你就得去找有关这方面的资讯给他们看看，网上这类资料现在是相当多的，或者你可以鼓励他们去参加相关讲座和课程。

大人意识到过度玩游戏机的危害性了，才能合作去帮助孩子，尤其是游戏迷爸爸，他的责任更大，他如果没有意志去调整自己的行为，孩子还会继续去模仿。

怎样让没有游戏机的生活也有意思和意义？那你得去创造了，其实也很简单，那就是把自己的时间给孩子，带着孩子一起散步、爬山、种花、做饭、画画、看书等，孩子习惯了自然就不会着迷电子游戏了。

# 7. 三岁的孩子不喜欢和别人打招呼

　　我的女儿三岁了，她是一个活泼外向的孩子，语言表达能力很好，也喜欢和外界交往。唯一的问题就是她特别反感和其他的长辈问好，也就是打招呼。我们家住在单位的宿舍楼里，所以电梯里进进出出都是熟人。从孩子很小开始，我们就鼓励她向长辈问好，一岁十个月以前她还基本能够张嘴，但是现在越大反而越不懂事了，每次让她问好，她就会扭过头去，甚至大叫表示反抗。我不知道是不是我们的教育有问题，这种毛病是不是阶段性的，随着孩子长大就好了。

## 个案分析

　　逼着孩子叫叔叔阿姨或向亲戚朋友打招呼，着急地等孩子勉强地像猫咪那样发出声音来，这本来已经够让孩子难受；最糟糕的是就在孩子完成任务的一刹那，大人根据孩子这时候的表现来评定这个孩子是否懂事或乖巧。即便我们这样教育孩子，但事与愿违，很多孩子大了后并没有对他人甚至父母很尊重。

很多孩子不愿意客套地向长辈问好或打招呼，一个原因是不喜欢大人的客套游戏，另一个原因是那些大人或长辈也许不把孩子当一个独立的精神个体，而是把孩子当孩子来逗一下。我在国外生活多年，看到中国人在国外也那样做。我认为孩子不向长辈问好，并不代表孩子没礼貌；甜甜地问候了也未能说明孩子有礼貌。

在西方，父母一般不会强迫孩子去给长辈问好，而是自己主动地对亲朋好友表示问候或者欢迎，孩子感觉自信、熟悉了才开始自发地去问候他人。相对来说，西方成人之间的互相尊重反而还更明显或者自然一些。

西方家长不是逼着孩子叫叔叔阿姨，或向其他亲戚朋友打招呼，而是真正地把孩子当作一个大人（独立的精神个体），像介绍其他大人那样介绍孩子；孩子会落落大方地把手伸出去或直接问候，当然也有孩子不理睬大人们。不过，大人们从不在这个时候给孩子施加压力，也不给孩子评定是否懂事或乖。这是中国和西方的文化差异，我们如今都在学习西方先进的东西。你可以想一想，如果你是孩子，你是否愿意大人这样对你，然后你就知道如何选择了。

# 8. 孩子把小朋友分成三六九等

　　我的孩子快两岁了。在我们的社区里，大约有十来个和她年龄相仿的孩子。我们最近发现一个现象，那就是她和平时经常在一起玩的三四个小伙伴关系特别好，即使人家抢她的玩具，她也不会有太多意见。可是对于其余几个不是很熟的孩子，她就表现出强烈的攻击性，远远见到人家过来，就会在空中挥舞手臂作驱逐状。我不知道这么小的孩子为什么这样排外，我们该怎么纠正她这种行为。

## 个案分析

　　孩子这样做并非是把小朋友分成三六九等，那只是孩子天然认同的条件反射的自然流露而已。每个人对任何人和任何事都有出于心灵深处的认同或不认同，是属于心灵层面的活动，它很快就能通过身体或语言表达出来。可是大人有了对身体和语言的控制能力之后，心灵活动不能自然流露，大人也就戴上了面具。孩子流露出不友善的方式，也不能代表孩子的恶习，"表现出强烈的攻击性，远远见到人家过来，就会在空中挥舞手臂作驱逐状"，这也许正是你的心灵活动。只要你对对方热情接纳，孩子很快就改变态度，所以你不能光指责孩子的不友善行为。

　　大人的意识里存在的偏见和价值观会直接影响到孩子，而孩子会通过具体的事情表达出来。孩子喜欢跟谁玩，不喜欢跟谁玩，都不是没有理由的，尤其是两岁的孩子，更不会分辨什么朋友和敌人。你的孩子对其余几个不是很熟的孩子表示排斥是自然的事情，如果大人不给予孩子太多的偏见，孩子都是好的，甚至坏孩子也有好的一面。大人如果能用包容的态度对待所有的孩子，孩子的问题自然就解决了。事实上，孩子有时候比大人宽容得多，就算孩子被欺负了或欺负其他孩子了，他们很快就忘记了；大人反而为此耿耿于怀。很多时候，大人需要向孩子学习原谅和宽容。

# 9. 四岁的孩子使用恶毒语言

　　我孩子四岁多了，最近让我非常烦心的是他突然满嘴撂狠话。吃饭的时候，如果是他喜欢吃的菜，他就不许别人碰，如果我吃了，他就会狠狠地说："我要把妈妈的肚子切开，拿出来！"昨天我去幼儿园接他的时候，看见他正在对着一个同学喊："我要把你的脑袋揪下来，眼睛挖出来！"我回忆了一下，我们平时应该没有给他看过有暴力倾向的电视节目，我不知道他嘴里的话究竟是从哪里学来的，他再这样说的时候，我应该做什么反应。

## 个案分析

　　每次听到孩子这些狠话、粗话都要严肃地告诉他你不希望再听到这些话。孩子会模仿大人和身边孩子的粗话、狠话，有时候孩子在用这些语言的时候，会刺激其他孩子笑，这种笑反回来鼓励孩子不断用，因为他感受到了这些语言带来的结果。在孩子学习语言的阶段，观测哪些语言容易刺激其他孩子或大人，他们就学习和使用哪些语言。当然，幼儿园的老师的语言是被模仿最多的对象。

故意忽略他们，当他们用了这些语言而收不到他们期待的结果的时候，他们就会对这些语言失去兴趣。同时，你也可以在家里用些夸张和幽默的语言，引起其他人的兴趣，从而激发孩子创造自己的语言，也满足孩子对语言的阶段性敏感。

# 10. 孩子从幼儿园往家里拿玩具

　　我的孩子快四岁了，最近他老是从幼儿园往家里带一些很小的玩具。我看过一些教育书籍，知道这个年龄段的孩子可能分不清"自己的"和"别人的"的区别，所以我没有兴师问罪，而是耐心地告诉他："这是幼儿园的玩具，应该是小朋友们一起玩儿的，不能拿回家。"我第二天送他去幼儿园的时候，当面跟老师说了这件事情。老师没有说什么，只是说"放回去吧"。但是孩子并没有因此改正，我们还可以从他的衣兜里发现玩具或者玩具的零件。前天，他的爸爸因为这个原因打了他一顿。但是今天我们又从他的口袋里掏出了东西。我们究竟应该怎么解决这件事情？我真的担心孩子今后在道德品质上出问题。

# 个案分析

三四岁这个年龄阶段的孩子确实有时候还分不清"自己的"和"别人的"的区别，手里拿到别人的东西也会说"我的"，这是孩子的自我意识的状态。太多的说教不会起很大的作用，爸爸打他更不会起到本质的作用，反而会适得其反，孩子会由于"怕"而不为，但是这种欲望也许并没有消除，日后会通过其他的形式出现。

只要你坚持告诉他："这些玩具的'家'是在幼儿园，它们更喜欢待在自己的家里，就像小朋友总是喜欢自己的家一样。"并且帮助孩子把拿回来的东西送"回家"，交给老师放回原位，那么随着年龄增加，这个习惯自然就会消失，不必担心孩子今后在道德品质上出问题。有些关于拿别人的东西会有不好的结果的故事，可能有帮助，或者可以自己编个故事给他讲。五岁以上的孩子如果还有这样的行为，家长就要和老师商量，通过观察找到原因或帮助的方式。通过惩罚而达到目的的传统方式已经证明了是无效的。

另外，审视一下在孩子的周围是否也有孩子甚至大人有顺手牵羊的习惯，如果孩子在模仿他们的行为，也许可以从这个方面入手去解决。

# 11. 孩子太听话了，我担心他成为一个懦弱的人

我孩子两岁四个月，他很听话，跟他说什么事情不能做，他就基本不做，但是现在我不知道这个是好事还是坏事。比如，他和小朋友一起玩的时候，如果有人抢了他的东西，他就只会哭，或者带着哭腔说"这个是我的"，但是这种做法无济于事，他根本不可能把属于自己的东西要回来。我开始对自己的教育方法产生怀疑，这样下去孩子会不会越来越懦弱，很难面对社会？

## 个案分析

两岁四个月的孩子，他们的意识还不明显，更多的时候是处于一种"睡梦"的状态，很容易和周围融合，但也很不稳定，有时"听话"，有时固执，有时大方，有时自私，但是他们还不能用语言或者成人的方式去和别人协商，或用理智来处理问题。所以大人也大

可不必太早地用成人的观点把孩子定位成"懦弱"，更不能去教孩子以强制弱，以牙还牙，否则你将会是世界上最糟糕的家长。孩子本质中的宽容和原谅的能力是很强的，一些家长由于孩子之间的争抢而使成人之间产生矛盾，那就更加荒唐了。

三岁以下的孩子把自己的玩具和妈妈都当成自己身体的一部分，不容分享，如果妈妈抱其他小朋友，他会妒忌并抢回妈妈的怀抱。别人抢走玩具就如抢走了妈妈或身体一部分那么痛苦，因此，他的哭声表示他很伤心，这时大人首先要让孩子感受到一种安全和理解，有时就是需要一些时间来让孩子宣泄他们的情绪，然后再转移他们的注意力或者替换他们手中的物品，从而使他们重新平静。讲大道理，粗暴地从孩子的手里抢走或者"帮助"孩子抢回来，都是不明智的做法。

孩子三岁以后，对于"我的""他的"的意识会越来越强烈，也有了对他人说"不"的意识了，这都是很正常的；但是如果父母过多地管制孩子，或者过分地纵容孩子，都会阻碍孩子的意识进入健康和平衡，自由活动不够也会阻碍孩子意识的进驻。留一个空间给孩子，让他自己去探索，自己去处理问题，是对很多家长的挑战。

真正成功的人士一般都是懂得合作和与他人沟通的人。父母应该学会观察孩子，理解孩子，并且跟其他孩子的家长交流，目标是让孩子学会分享，学会互相帮助。教会孩子分享，最好从分享食物开始。

# 12. 磨蹭的小孩

孩子五岁半，做什么事情都很磨蹭。比如，叫他起床，半天都起不来；吃饭也是边吃边玩，吃上一个多小时都吃不完；写字也是，边写边玩。如果凶他一下，他就稍微快一点，但是，管不了半分钟，他又恢复原状。请问，怎样才能使他快一点？

## 个案分析

有些孩子无论做什么事情都会比其他孩子慢半拍，通常这是孩子天生的一种性格特征。虽然凶他一下他就稍微快一点，但那不是办法，因为管不了半分钟，他又恢复原状。既然凶他一下只是起到提醒的作用，那么，提醒孩子未必都要凶。你可以提前提醒，比如提前半小时叫他起床，如果半小时不够就提前一个小时。这类孩子的优点是办事安全周到，负责任，人缘关系好，不容易发脾气。如果你的孩子比较快捷利落，你可能又会担心他粗心大意，不太会交朋友。这都不是孩子的缺点，只是不同类型的性格特征而已。学会看到自己的孩子的优点的同时，也要接受你眼中孩子的缺点。帮助孩子克服这些缺点，要给他足够的时间。

# 13. 男孩不愿运动

　　儿子五岁多，让我最烦恼的是他太不爱运动了！一爬高或多走了些路，他就说好累！脚痛！我们经常都鼓励他要勇敢一点，这点累怕什么！可每次他还是照旧，累一点就吼不想再走了，要休息。看到别的小孩都蹦蹦跳跳充满活力，他却这样！

## 个案分析

　　"孩子他太不爱运动了！"首先避免给孩子贴一个这样的标签，孩子有可能听到你跟其他人说他太不爱运动了，他就不运动。一方面是孩子对你的抵抗，另一方面他不运动还可以控制你。比如他一爬高或多走了些路，他就说好累！脚痛！这样你就要为他服务。问题不在于孩子是否爱运动，而是他在走路的时候用熟悉的方法来迫使大人就范，相信还有别的例子。其实，只是走路而已，算不上运动。太多概念和标签给孩子，对孩子的健康不利。

# 14. 孩子太爱看电视

五岁的儿子喜欢看电视。当然，这里面也有我自己的一些原因。因为说实话，他看电视时我也可以做很多家务，而且我都让他看科普类的节目，这样他也能学到知识。可最近却情况不妙了，他看电视简直到了痴迷的地步，叫他总不应，就一直坐在电视前；和小朋友在一起也讲电视里面的情节。他的性格也越来越急躁，我若不让他看，简直就不得了！该怎么做？

## 个案分析

把电视当保姆，对孩子非常不负责任。其实，你可以跟孩子一起做些家务，一边做一边跟孩子玩才是最好的方式。电视对孩子的影响远远不止这些，可以上网去查查，有很多相关的研究和文章。最好的办法就是把电视借给其他人，看看家里没有电视时日子如何过，孩子玩些什么，以及没有电视孩子是否就变得愚蠢了。有人这样假想：孟子如果出生在当今的中国，他可能在电视机前长大，孟母可能因为没有立刻觉察到电视长远的负面影响，也不会阻挡。小孟子的大脑会因为失去正常童年的游戏、玩耍、运动、听故事、牙牙学语和好奇心驱使的学习而发育不全；成年后也不会有深度的观察和思考能力，也没有高尚的道德责任感，也不会对中国文化有特殊的贡献。如果电视早五百年在欧洲出现，现今我们可能听不到莫扎特、贝多芬和其他近代音乐家的杰作，也见不到达·芬奇的画和发明；如果电视早在中国出现，李白、杜甫也不会写诗，很多中华艺术不会出现，甚至也不会有中国文化。

# 15. 两个女生直接脱了裤子，说这样就生娃娃了！

　　我有个很苦恼的问题，女儿五岁多，前几天和另外一个好朋友在外面玩耍时，两个女生竟然直接脱了裤子，说这样就生娃娃了！当时两个爸爸在场，分别把两人揍了一顿！太让人惊诧了！平时，女儿问我关于性方面的问题，我都给她解释过。我想，是不是跟对方女孩有关，因为那个小朋友父母离婚了，她跟着爸爸生活，最近她妈妈也怀孕了。请问，我该怎么办？

## 个案分析

　　五岁多的孩子玩结婚生孩子的游戏是最常见的，我们小时候都玩过家家。孩子甚至想跟妈妈或爸爸结婚，因为孩子把妈妈或是爸爸当英雄。孩子的内心生活在一个大人无法探访的世界里，孩子玩结婚生孩子和过家家是通过玩来构建他们的童话世界。他们通过玩来体现他们的世界，就如艺术家通过艺术来表现他们的内在世界一样，同时，那也是对成人世界的模仿性学习。

两个爸爸分别把两人揍了一顿真的太让人惊诧了，这也表明爸爸对儿童发展的无知。五岁孩子玩这些游戏不是什么大问题，可以通过讲故事来告诉孩子她们怎么来到这个世界。

## 16. 太黏人，我到哪里他就到哪里！

儿子三岁一个月，已上了一年幼儿园，特别黏我。老师反映他在幼儿园表现很好，和小朋友也能交往。可不知道为什么，一回到家就黏上我或爸爸了。比如尿尿，即便是要尿出来，宁愿憋住也不让爷爷奶奶帮他，非要等着我！晚上醒了也只要我，平时没事就跟在我后头，我到哪里他就到哪里！这是怎么回事？我怎么办？家里还有个大孩子，这个会否对大孩子造成影响？

## 个案分析

三岁一个月的孩子特别黏着父母也是很正常的。一般比较过分黏着父母的主要原因是缺乏安全感，或者是孩子很小的时候父母陪伴的时间比较少。缺乏安全感一方面是指孩子承受不了离开父母之后的痛苦，另一方面是父母未能放心孩子离开自己的视线，还有一个就是，父母给孩子太多"不许"，而孩子又不清楚自己有什么是"允许"做的。如果七岁的孩子还是那样黏着父母，那就有必要考虑孩子是否出问题了。现代父母都比较忙碌，觉得孩子黏着父母是件麻烦事，其实，这是培养亲子关系的好时机。

# 17. 跟着大人打转

孩子接近四岁，他没有自己主见，跟着大人打转；去商场要买东西，不买就哭。如果我说"不哭就买"，他就不哭。哭就成了他对付我的法宝。另外，他有次被小朋友打了，两个星期之后他都还在我耳边念叨，希望我出面解决这个事情。"我知道他不是故意的，我不生他气了，妈妈，你去跟他说一下嘛！"诸如此类问题，请教专家我该怎么办？

## 个案分析

首先，"跟着大人打转"这个问题，可能原因是：缺乏关注，这个关注不是你对孩子的照顾，而是缺乏对他内心感受的关注。其次，我们大多数成人都希望孩子早早独立，自己吃饭自己睡觉，但实际上孩子很难做到这点，他必须在与父母的交往中了解这个世界，获得内在关注，才能慢慢迈向独立。再次，关于不买东西就哭的问题，如果大人对孩子"什么是不可以的"这个界限不清楚，比如，孩子一哭闹，本来不可以的事情变成可以的，这就叫作界限不清。也就是说，对于事先约定好的事情或原则，你需要坚持。关于冲突，可以邀请小朋友来家做客，或是两家出去郊游，为他制造机会。关于对孩子冲突的处理，请相信，让孩子学会宽恕比学会报复重要。

# 18. 圣诞的概念该不该强化

转眼圣诞节又到了，面对着商家铺天盖地的宣传以及身边朋友因为圣诞送来的各种礼物和祝福，我很困惑。我该不该专门给孩子讲述圣诞？该不该像已经习惯了的那样装饰圣诞树、赠送圣诞礼物……虽然这根本不是我们的节日，不知道怎么办？

## 个案分析

首先要理解为什么几乎所有的文化传统中，人们都会在特定的日子里，对自然和神灵表达崇敬和虔诚的传统，他们用特定的方式，包括大兴酒宴、载歌载舞等方式来享受人间的乐趣，同时也表达了他们热爱生活，并对生活充满期待。这也是传统节日的起源。这些节日代表了古代人的工作和生活的时间节奏，以及跟自然界和睦相处，传统节日是生活中神圣和特殊的日子，也是每一位孩子天天都在期盼的日子。

　　圣诞节是起源于信仰基督教的人庆祝耶稣诞生的日子，他们用他们的方式表达生活中最具生活意义的日子，通过庆祝圣诞节，来赋予深刻的宗教意义，而成为传统节日。有人把圣诞节归为西方的节日，其实，基督教并非起源于西方，而信仰基督教的西方人用他们的生活方式来庆祝圣诞节，通过他们的经济、宗教、政治和文化力量推广到世界各地的文化中。无论文化如何融合，文化根植于什么地方，人们对节日的期待和本土文化是最紧密的，因此，节日中的生活和文化活动最能体现本土的文化特征。一年之中的传统节日就像音乐中的休止符，传统社会中，人们把对传统节日的期待、准备和庆祝过程当成生活的主旋律，孩子会在这过程中感受到生活就像音乐那样拥有一个又一个高潮，这就是人类文化的渗透和传承形式。

# 19. 该不该用金钱作为奖励

这可能是个老生常谈的问题了，但是我始终没有得到准确答案。究竟应该使用金钱作为奖励，让孩子了解付出与回报的意义，感悟到"爸爸妈妈挣钱不容易"的道理，还是应该回避这种"世俗"的方式，而通过精神鼓励进行奖励呢？

## 个案分析

教育界一直都在使用一个被称为"胡萝卜加大棒"的方法。也就是说老师对学生，或父母对孩子就是把孩子当一头驴，赶驴的简单办法就用大棒在后面抽。现在，很多人发现大棒起的作用有限，尤其是学校有法律规定不能体罚孩子，大棒已经没有用武之地，因此，现在普遍使用胡萝卜在前面引诱。开始，老师给乖孩子星星、红花或红旗，后来，那些星星、红花或红旗之类的东西对孩子失去了吸引力，开始用糖衣炮弹来轰炸。父母也一样，因此，才有该不该用金钱来鼓励孩子这个问题。

如果你要用金钱这个"胡萝卜"，一定要分清楚是针对孩子该做的事情而奖励还是孩子做了一些责任以外的事情而得到奖励。如果孩子把功课做得好，或把家务做得好，因此而得到金钱奖励，那就错了。孩子把功课做得好和把家务做得好，是孩子应该负起的基本责任，负责任应该得到表扬，不应得到金钱奖励。如果你希望通过金钱奖励来鼓励孩子去做事情，让孩子了解付出与回报的意义，应该让孩子去做那些他责任以外的事情，如帮助你打扫你的办公室、洗车等，或一些偶尔才有机会做的事，如收集回收的空瓶子、废纸等。如果你有一些工作，而又是可以赚钱的事，比如你帮别人加工什么，带些活儿回家干，或开商店等，让他做他力所能及的事，可以商量好钱和工作再做。

如果你希望让孩子感悟到"爸爸妈妈挣钱不容易"的道理，最好的办法就是，自己花钱"小气"点。人有了钱并富裕之后，可以把钱花在有意义的事情上，而不是一味追求名牌、豪华和奢华。对于追求名牌、豪华和奢华的父母，无论你的钱多么的来之不易，孩子都不可能感悟到"爸爸妈妈挣钱不容易"的道理。教育孩子努力工作才能得到金钱是最现实的，也是最"世俗"的方式，金钱不是罪恶，而用不当的方式赚钱和毫无意义地使用钱才是罪恶。

# 20. 善良是种美德吗

按照我们小时候的教育：善良的人才是好人，善良是一种美德。但是按照近几年的观点，狼性似乎是生存的根本，"善良"反而成了受欺负、丧失利益的代名词。那么在 21 世纪的今天，我们还应该引导孩子成为善良的人吗？怎么在让孩子成为"好"人的同时，又不吃亏呢？

## 个案分析

"谦让"在中国是一种美德，可是在很多西方社会里却只是生活中的一种基本常识。那么"谦让"是我们要刻意去培养的美德，还是文明社会中的基本常识呢？

今天，很多人都大学毕业了，但是缺乏孩童时期应该具备的常识。如果说中国的教育没有把生活的基本常识列入学校教育的范围，也是不客观的。其实，学校是努力地把文明礼貌、美德教育、生命教育、情感教育以及爱国主义教育等等带给学生。但是为什么我们的孩子和成年人还是那么缺乏最基本的行为准则和生活常识呢？

关键是我们现在的教育方式更多的是说教、讲道理，而没有意识到孩子是通过模仿来学习和成长的，尤其是幼儿阶段。而且，我们现在的社会笑贫不笑娼，法律途径未能够有效地维护社会的公平和公正，社会的秩序感、法律观、道德标准和社会价值观比较混乱。孩子们未能真正感受和体验到社会的秩序感，更无法模仿成人形成法律观、道德标准和社会价值观，很多人都大学毕业了还是缺乏那些基本的生活常识是很自然的。

对他人的尊重，在行为上的谦让，不仅仅是一种美德，也是文明社会的标志，是一种基本常识。谦让的同时并不妨碍表达出自己的观点，也并不阻碍充分展示自己的能力，只会让你去更好地理解和聆听他人，去赢得他人的尊重，从而拥有更好的社会关系，去达到自己的目标，这才是未来社会所需要的竞争力。

现在，很多孩子不守规矩，没礼貌，自私，不会分享和谦让，学校和家长只重视智力开发，缺乏社会公德和基本常识的培养。无法想象这样的孩子长大后，具有什么样的竞争力。任何一个人都愿意跟那些能谦让的人一起工作，往往这些人更具备竞争力。

# 21. 在幼儿园里，孩子被欺负

我的孩子上一所家庭式的华德福幼儿园，华德福都是混龄班，我的孩子比较小，常被大孩子欺负，我不知道怎么办？

## 个案分析

在华德福幼儿园里，一般来说都是混龄班，最多有两个不同年龄段的分化，如四岁以下和四岁以上。有的家庭式的华德福托儿班，孩子的年龄可以从半岁到六岁不等。

对于国内的独生子女来说，这样的混龄设计非常有利孩子的健康成长。孩子们在这个大家庭里学会如何与不同年龄的人相处，幼小的孩子敬仰和模仿年长的孩子，渴望长大，充满对未来生活的向往和憧憬。年长的孩子学会怎么谦让照顾弱小的孩子，培养责任感和同情心，以及承担责任的能力和信心。这样可以弥补独生子女的不足。

"大欺小"的现象在成都华德福学校还是有的，毕竟，很多孩子也是转学来的，过一段时间就会有变化。在国外的华德福幼儿园里"大欺小"的现象几乎看不到，孩子的天性就是"爱"和"同情心"。在一个和谐关爱的环境里，这样的天性会非常自然地从孩子身上发散出来。

年长的孩子帮助年幼的孩子穿衣服、系鞋带、推秋千是常见的事情。当然，偶尔也会发生由于年长的孩子动作过大，不小心碰到或伤害到了年幼的孩子，但是据我们的观察，当这样的事情发生后，大孩子都会表现出内疚和不安，其他的孩子也许还会批评他，让他给小孩子道歉等。

对于"大欺小"现象，关键在于大人们的正确引导，以及创建出来的环境氛围是否和谐。如果出现了"大欺小"，首先要考虑的是大人们（包括老师和家长）是否在家庭和幼儿园创建出一个和谐、互相尊重和关心的氛围，孩子是否在模仿大人们相处的习惯。仔细观察会发现，如果一个孩子总是欺负别人，在他的身上总会有身边大人们为人处世的习惯，或者孩子在家里是非常娇惯受宠的。所以要引导孩子，首先大人们要反思自己的言行举止，以"身教"来引导孩子。

孩子们来到这个世界是来学习如何生活和工作的，每个孩子都有自己的特点和个性，一方面要做出典范来让孩子模仿，另外还要观察和认识孩子，去了解这个孩子为什么会这样做，他的生活历程、家庭环境以及健康状况都要考虑到，然后去对症下药。如一个长期缺乏父母关爱，或者曾经受虐待和打骂的孩子，尤其是弱小的孩子，也会通过欺负他人来表达自己的孤独和不满。一个经常搬家的孩子，也会通过行为上的暴力来寻求一种自我保护和安全感。

教育是艺术，不应该用固定单一的方式来对待每个孩子，关键在于老师和家长们的"用心"和"身教"。

# 22. 和老人的教育观念差别太大

　　像很多家庭一样，我们有了孩子之后不可避免地和公公婆婆住在一起。但是和很多家庭不同的是，别人家的老人是溺爱孩子，而我家的老人对孩子过于苛刻，这和我的育儿观差别太大。我一直希望孩子的成长环境是开放的、民主的、相互尊重的，而且就目前的效果来看，三岁的儿子并没有因为我的宽松政策而任性无理。但是我公公婆婆就不一样了，大学教师出身的他们，总是认为孩子应该严管。小时候只要尿床了就恶言相向，恐吓孩子说再尿床就打屁股。现在如果孩子在外面和别的小朋友发生争执，或者想在公园多玩一会儿舍不得回家，他们就会二话不说把他拖回来，然后在家里严肃地训导一番。我曾经用委婉的语言对他们表示过，在教育孩子的问题上能不能以我们的想法为主，他们表示认可，但是在处理具体问题上，还是保持他们那一套。我现在非常担心孩子在他们的严格管教下丧失自主能力或者索性逆反。不知道问题是不是很严重，我该怎么说服老人？

# 个案分析

肯定地说，严格和宽松都是需要的，关键是平衡这两者之间的力量，而且年龄不同的孩子，约束的方法有差异，不能一概而论。恶言相向，威胁恐吓，经常训斥孩子等都是非常不适合幼儿的，这样会造成孩子撒谎、不自信、粗暴、逆反等。但是孩子需要一定明确的界限和约束，对于幼儿来说，最好的方法就是坚持作息规律和节奏，以及成人态度的坚定。对于三岁的孩子，最好用转移注意力的方法来帮助孩子。

对于如何处理你和老人家之间的关系，你首先要肯定老人家也是对孩子有着极大的关心和爱护，要从内心感激他们，甚至向他们表达你的感激，适当地对他们所采取的正确的方法表示赞赏，而不是总是看到他们错误的方面，扬长自然就避短了。避免由于不同的教育理念或方法去争吵和冲突，更不能当着孩子的面去指正他们。否则，双方会对立起来。

如果你真的不太赞同老人家的方式，那你自己必须争取给予孩子的时间比他们多，为孩子做更多的事情。如果你坐在沙发上看电视，或为了自己工作，而让老人给孩子洗澡、换尿布或喂饭等，你肯定会失去一些对孩子教育和以身作则的机会，或者和老人家争论探讨的权利。父母是孩子最亲密的教育专家，珍惜你的权利。

你要相信大多数的老人家也想成为"最好的祖父母"，他们也是想把最好的给孩子，他们也需要学习和成长，但你不一定能成为他们的老师。所以你可以收集一些有关教育的报纸、杂志或书籍，直接给他们，或者放置在他们顺手的地方，"不经意"地让他们去发现；也可以鼓励他们去参加幼儿园的家长会或者各种教育讲座。

偶尔，家人在一起也可以回忆一下自己的童年，通过描述童年的感受，来理解孩子的心情和需求，让老人家感受到，总是处于严肃和紧张的环境中，孩子是不会健康快乐的。

最后，如果经过许多不懈的努力，大家的教育观点还是差异太大，几乎没有改进的可能，为了孩子的健康，你要选择和老人家分开居住，只是不要让孩子生活在一种混淆和矛盾之中。但是即便分开了，也绝对不可以在孩子面前谈论对老人家的不满和怨恨。

# 23. 如何应对孩子在外面遭受到的失落感

　　前些天带着两岁半的女儿在游乐场玩。当时滑梯上有两个五六岁的男孩，女儿很兴奋地跑过去，希望能参与到他们的游戏中。两个男孩回头看看女儿，然后便夸张地跳起来，喊："她是怪兽！"说完，就边往滑梯上跑边回头招呼女儿说："你来呀，你来呀！"可是当女儿兴高采烈接近他们的时候，他们就又跑开了。几个回合之后，女儿觉得有些不对劲了。她不愿意再用热脸贴到冷屁股上，就站在原地不动了，然后瘪着嘴嘟囔："不好玩……"我很矛盾，我不知道这个时候应该过去安慰她，把她带走，还是应该顺其自然，让她知道这个世界上不是每个人都会和善热情地把自己当作朋友和中心。请问我应该怎么对待这个问题呢？

## 个案分析

　　家长要学会不要把这个事情当一回事，孩子之间的矛盾冲突来得快也去得快，像风一样。这些不和谐都是他们要体验的人与人之间的社交关系。家长在这个时候，要做到保持一颗平和的心，大度地去处理问题，而不轻易被那些孩子的失礼和淘气影响心情，更不能去简单粗暴地责骂其他孩子。你要成为孩子学习的榜样。最忌讳的是跟两岁的孩子解释，这个世界上不是每个人都能和善热情地把自己当作朋友和中心，对于两岁多的孩子，世界应该是善良的、美好的、和谐的，要保护好幼儿对世界的向往和对他人的信任，也不能当着自己的孩子去评论和指责那些孩子没修养。一个自信而宽容的家长，必有智慧的方式去处理问题，也才能熏陶出自信而能干的孩子。

　　这些五六岁的孩子之所以这样做主要是因为他们觉得好玩，或要吸引别人的注意力，或显示自己的力量。如果你非常介意他们的行为，就上了他们的当。也不能置之不理，孩子在学习和模仿你处理这些问题的方式和态度。你可以大大方方地介绍你的孩子给他们，认真而友好地告诉他们，你的孩子叫什么名字，住在哪里，在哪所幼儿园，并说："我知道你们想逗小妹妹玩，但是她才两岁，不理解你们的游戏，你们小时候也是这样的喔……"而且你也可以很认真地当着他们的面告诉你的孩子："哥哥们其实很想和你玩，他们觉得这个妹妹很可爱，但是他们不知道小妹妹不喜欢也不会玩怪兽这样的游戏，你可以告诉哥哥们，等我长大了，跑得快了，再和你们玩。"也许你可以建议他们怎么玩，如请他们牵牵妹妹的小手，帮助小妹妹爬上去，总之告诉孩子们应该做什么，可以建议他们做一些其他的游戏。如果那些孩子的行为没有改变，你就可以带孩子离开现场，并充满乐趣地告诉孩子，我们可以去玩其他游戏。

## 24. 培养"财商"的同时，会不会激发孩子的物欲

　　我比较看重"财商"的培养和数学概念的开发，所以凡是去超市买东西的时候，只要可能，我都会带上儿子。我会告诉他每件东西的价格，有的时候还让他直接把钱给收银员。我一直对自己的教育方法挺自豪，但是我现在开始犹豫了。儿子四岁了，现在明显对购物充满热情，特别是那些在广告里看到过的商品，他都像见到亲人一样，然后自然而然就想要。我不知道这是孩子到了这个年纪都会出现的现象，还是我激发了孩子太多的物欲？有物欲究竟是不是一件好事？

## 个案分析

所谓的"财商"，也许是根据智商和情商而创造的新名词，财商的提法是否有科学意义还待研究，如果你还加以培养和开发，也许算跟上"潮流"了。目前，是否已经有足够的研究证明那些很小就对钱财有概念的孩子，将来就会赚钱，数学也学得特别好？那些"财商"很高的成年人，小时候数学都好吗？

因为你经常带孩子去购物，那么孩子对购物有热情是自然现象，也许是模仿成人的动作，未必是孩子有强烈物欲的表现。如果是孩子看到电视上的广告，而产生了购买欲，当然要归功于电视这种推销员了。不要说孩子，就是大人也抵挡不住电视的攻势。电视在不断地刺激人的物欲，已经是不争的事实，仔细想想，你在购物时，是否受到电视的广告影响？如果大人都未能控制住物欲，何况孩子呢？物欲不断地膨胀，已经成为现代社会问题的根源。看看有多少犯罪，家庭不和，乃至战争，不是人的物欲不断膨胀致使的呢？我想引用甘地的名言，也许是一个劝告："这个地球的资源足够人类永久使用，但是不够人们去浪费。"

## 25. 幼儿教育到底有多重要

怀孕的时候，我是一个对起跑线理论不那么在意的妈妈，但是真的生了孩子，就有点把持不住了。现在针对婴儿的幼儿教育机构，各种亲子课程、书籍、玩具太多了，我有点不知所措。毕竟那些项目都价格不菲，我担心搭上大把的时间和金钱，其实对孩子没有什么帮助。但是我也担心，在最好的时机丧失了教育机会，今后孩子明显不如别人的时候会追悔莫及。所以我想知道，幼儿教育到底有多重要？

## 个案分析

早教是非常重要的，但是，关键看早教的目的是什么。以目前所流行的早教看，很多都以注重于提高"智商""情商"或"财商"为目的。同时，家长们非常乐意为孩子的早教花钱，早教相关的市场就会非常火爆，也意味竞争非常地激烈。市场细分到已经不可思议的地步，甚至，教人在什么时间和用何种方式做爱，都成了早教内容，因为这样可以生智商高的孩子。

在任何年龄阶段接受的教育都如吃饭睡觉那样重要，是因为教育目的不仅仅是提高"智商""情商"或"财商"。早教的内容很丰富，如孩子学会上厕所、扫地、做饭、沟通等等都是重要的早教内容，可是很多父母并没有很好地利用孩子积极参与的时期来教育孩子，让孩子参与和模仿大人的日常生活。"生活就是教育"这种提法非常得人心，可是如何贯彻就另当别论了。早教的目的应当是让孩子的心灵受呵护和精神受滋养。对于三岁以下的孩子，来自父母的心灵受呵护和精神受滋养，比任何形式的早教都重要。如果孩子缺乏这些呵护和滋养，那么，今后孩子明显不如别人，不仅仅是表现在"智商""情商"或"财商"各方面，而且会造成孩子心灵层次的缺陷，这才是对孩子真正的负面影响。忙碌的事业型家长，没时间陪孩子玩耍、吃饭和给孩子讲故事，把本该滋养孩子心灵的工作让给早教机构，美其名曰"早教"，尤其是父母提早让孩子寄宿，真是孩子的不幸。

# 26. 孩子上幼儿园经常迟到

我的孩子从两岁半开始上幼儿园，开始的一个月，可以坚持每天按时到园，但是时间长了就坚持不了了。因为如果想让他按时入园，那么每天早上势必要经历一番"战争"：把他从睡梦中叫醒，四处追着他穿衣服，再想方设法把玩具从他手里抢走，扛着哭哭啼啼的他出门。但是我发现，每天只要能让他多睡 30 分钟，睡到自然醒，然后任他先在家玩一会儿玩具，哪怕就玩 10 分钟，他就会以比较饱满的情绪跟着我出门。所以，我不知道到底应该给他养成按时做事情的好习惯，还是应该适当放松，图个皆大欢喜？

## 个案分析

"迟到好不好？"这个问题，不一定要专家来回答。其实不应该是什么儿童教育的大学问，而是生活常识。按时上幼儿园，其实是我们跟幼儿园约定在什么时间、什么地点、从事什么活动的契约，迟到的本质是毁约行为。如果迟到是意外造成的，那么有其道理；如果是自己本来就无法做到的原因，那么必须提出新约定，否则将是毁约行为。孩子在上幼儿园时就学会了毁约，以后的教育有什么意义呢？

要提前让孩子上床睡觉，要调整孩子的作息时间。这样做，对一些家庭和孩子来说不难，但对另一些家庭和孩子来说比较难。但是，为了孩子的教育和健康成长，相信父母们都愿意去努力。如果想让孩子多睡30分钟，按道理早30分钟入睡就能解决。如果早睡也解决不了，那么就要更早入睡，并提前让孩子起床，早上给孩子足够的时间去准备。这当然意味着，家长要付出加倍的努力，如果在教育孩子方面能够省事、省工和省钱，又不费心、不费力，那就最好不过了，可惜自己的孩子偏偏是那么费心和费力，那该怎么办呢？

孩子在小的时候，生活节奏和作息规律是非常重要的，任何的改变生活节奏和作息规律都会让孩子感到不安，甚至会生病，很多多动症、脾气暴、注意力涣散或忧郁都跟孩子没有规律的生活节奏和作息规律有关，残障孩子表现最明显。

## 27. 孩子爱哭

　　女儿现在三岁半，大概从两岁多开始就特别爱哭。有什么不如意就哭，对她稍微严厉一点也哭，然后没完没了，搞得我很心烦。我们一直总结原因，是不是她因为哭而得逞过，所以一直相互告诫，不能因为她哭就满足她。我们也想通过转移注意力来制止她哭，但是作用也不是很明显。不知道是不是专门有一类孩子就爱哭？我们应该怎么办呢？

### 个案分析

　　爱哭的孩子没有问题，关键你要学会观察并理解孩子提供了什么信息，孩子在未学会讲话之前，哭是给大人提供信息的一种重要途径。如果你细心观察和注意听她的哭声，你会发现她的哭有各种各样的方式。而且，你也要学会用相应的办法来对待不同的哭，通过转移注意力来让她停止哭，通常是最好的办法。但是如果作用不很明显，就要记住对哪种哭不起作用，就得换办法。

无论如何，孩子哭都不是孩子的错，如果因为孩子没完没了地哭，就搞得人很心烦，就说明孩子还需要哭。孩子通过她的"烦"来教育你，教育你学会接受她的"不可爱"，并唤起你的爱心。如果孩子是小可爱，你会爱她，人人都会爱她，那是出于人的自然的私心，因为每个人都会爱可爱的人。如果你能在孩子不可爱、不漂亮和不合作的情况下"不心烦"，并能爱她，那才算是真的爱。孩子是你的老师，她是通过各色各样的哭，莫名其妙的哭，让人心烦的哭，来给你一个学习和试图去聆听她的机会。

你对她稍微严厉一点也哭，是她对你严厉的方式表示抵抗。如果你认为她因为哭而得逞，并相互告诫，不能因为她哭就满足，她就越是通过哭来控制和操纵你。同时，也说明你平时要么是给予她时间不够，要么是你对她缺乏原则。在什么情况下，不屈服她的哭，什么情况下要屈服她的哭，你必须设定原则。无论她什么时候和什么原因，如何地哭，你都要保持平静的态度去面对，需要一个成熟的人去面对，不要让家里所有的人都去安慰她，生气是绝对没有帮助的。

## 28. 孩子不会沟通

孩子四岁半，我感觉他沟通能力比较差。在课堂上，他还能回答老师问题，下课之后就不知道如何与老师沟通，老师问他什么，他都不回答。老师布置了家庭作业，他也不晓得回来说。如果爸爸出差几天回来，问："你想爸爸吗？"他总固执地不回答！和外人也这样，问什么，都不愿回答。请问，我该怎么办？

## 个案分析

对一个四岁半的孩子，你期待他有什么样的沟通能力？在课堂上，他都能回答老师问题，下课之后就不知道如何与老师沟通了。也许他懂得在课堂上跟老师沟通的方式，却不懂得下课之后跟老师沟通的方式。在课堂上，他从其他孩子如何回答问题中学习，可是，他也许还没学会在课堂外跟老师沟通的方式。孩子学习需要时间和过程，更重要的是孩子有他学习的方式。你问他："你想爸爸吗？"他总固执地不回答，也许是不希望流露他的想法，孩子就是那么真实。要多些观察和理解孩子。